セックス嫌いな若者たち

北村邦夫

メディアファクトリー新書　031

メディアファクトリー新書　031

セックス嫌いな若者たち　目次

第3章　セックスどころじゃない

第4章　二極化する若者の性

第7章　セックス嫌いを克服するために

『セックス嫌いな若者たち』制作者

著者
北村邦夫

カバーイラスト
つくし

カバー著者写真
加藤アラタ

本文DTP
小川卓也（木蔭屋）

校正
大庭博美

装丁
下平正則

編集協力
盛田栄一（WAITZ）

編集
江守敦史（メディアファクトリー）

まえがき　若者がセックス嫌いになっていた

２０１１年１月、若者のセックスに関する気になるニュースが、各種メディアで一斉に取り上げられました。ワイドショーなどでも話題になっていたので、ご記憶の方も多いのではないでしょうか。たとえば新聞各紙には、こんな見出しが並んでいました。

若い男性やはり「草食」化　16～19歳、セックス無関心倍増　―厚労省調査
（２０１１年１月12日・日本経済新聞）

「セックス嫌い・無関心」急増、男性でも17％
（２０１１年１月12日・読売新聞）

虐待経験５％　セックス「関心ない」増加　厚労省意識調査
（２０１１年１月13日・朝日新聞）

セックスレス：夫婦の4割が…「面倒」「出産後何となく」　――厚労省研究班が調査

（２０１１年1月13日・毎日新聞）

セックス無関心が倍増＝若い男性、草食化進む？　――厚労省研究班

（２０１１年1月12日・時事通信）

これらの記事のニュースソースとなったのが、厚生労働科学研究の一環として実施した「第5回男女の生活と意識に関する調査」。実はこの調査、研究班の一員である私がまとめ役になって、２００２年から2年ごとに実施しているものの最新版です。調査の本来の目的は、望まない妊娠の要因を探ること。しかし、今回メディアの注目を集めたのは、若い男性のあいだでセックス離れが急速に進んでいるという現実でした。

近年、「草食系男子」という、セックスに対して消極的な若者の存在が各方面で話題になっていました。読者の皆さんも、この名称をどこかで聞いたことがあると思います。ところが、現実は想像していた以上に深刻でした。彼らの草食化は水面下でさらに進行していて、セックスに興味がないどころか、「セックスが嫌い」とまで言い切る若者たちが増えていたのです。

[表1] セックスをすることに、「関心がない＋嫌悪している」割合の推移

	2008年	2010年
男性　16～19歳	17.5% ➡	36.1%
20～24歳	11.8% ➡	21.5%
25～29歳	8.3%	12.1%
30～34歳	8.2%	5.8%
35～39歳	9.2%	17.3%
40～44歳	13.1%	18.4%
45～49歳	8.7%	22.1%
女性　16～19歳	46.9%	58.5%
20～24歳	25.0%	35.0%
25～29歳	25.0%	30.6%
30～34歳	30.4%	45.8%
35～39歳	35.7%	50.0%
40～44歳	47.5%	55.6%
45～49歳	45.4%	58.6%

（北村邦夫：「男女の生活と意識に関する調査」2008、2010）

調査した私自身も驚いたのですが、[表1]のように、16～19歳の男性のなんと36・1%が、セックスに対して「関心がない」もしくは「嫌悪している」と答えています。この数字は、前回調査（2008年）の17・5%から2倍強に増えていました。また、20～24歳の男性においても、「関心がない」もしくは「嫌悪している」人の割合は、2008年の11・8%から2010年の21・5%へと、ほぼ倍増しています。

これは16～19歳の男性の3人に1人以上が、そして20～24歳の男性の5人に1人以上が、セックスに無関心か嫌悪しているということ。

女性にモテたくて悶々としていたかつての若者（私のことです）からすれば、とても信じられない思いがします。このニュースを取り上げた各紙の記者さんたちも、「まさか、そんなはずでは……」と、おそらく私と同じような思いで記事を書いたのではないでしょうか。

お恥ずかしい話ですが、10代後半の頃の私は、ほとんどセックスのことしか頭にありませんでした。言い訳ではなく、これは医学的に見ても理に適《かな》った話で、男性ホルモンの分泌が盛んになる10代後半は、（下世話な言い方になりますが）まさにヤリたくてしょうがない年頃のはずなのです。

ところが、現代の10代後半の若者たちは、なぜかセックスに対して後ろ向き。医師である私は、この現象をどうとらえればよいのか、いま思案に暮れています。ただ一つ確かなことは、このまま若者たちのセックス離れが加速していけば、わが国の少子高齢化も想定以上の速さで進んでいくということ。年金や介護の問題が深刻化するだけでなく、若年層の人口が減少すれば、日本経済はいま以上に活力を失っていくでしょう。そうなれば、やがてこの国は滅びてしまうかもしれません。

いったい、いまの若者たちは、セックスについてどう考えているのか。

日本家族計画協会のクリニックで所長を務める私は、幸い、若い男女の声を耳にしやすい立場にいます。当協会では思春期の若者の無料電話相談を行っており、過去数十万件分のデータを蓄積しているのです。それに私自身、避妊や性感染症など、性の悩みに関するカウンセリングや診療を日々行っています。

そこで本書は、「男女の生活と意識に関する調査」で得られたデータとともに、診療の場などを通して見聞きした若者の生声を交えながら、彼らがなぜセックスを疎《うと》ましく思うようになったのか、そして私たち大人がこの現状にどう向き合えばよいのかを、まじめに考えていきたいと思います。

若者たちのセックス離れを理解し、彼らが（もしかしたら読者の皆さんも含めて、かもしれませんが）女性との触れ合いを取り戻すためには、はたしてどうすればよいのか。最後までおつき合いいただければ幸いです。

第1章

セックスはしないが、たぎる性欲

◆若者のセックス嫌いを裏付けるデータ

いま日本では、セックス嫌いな若者が増えている。その裏付けとなるデータは、2010年9月、16歳から49歳の男女3000人を対象に厚生労働科学研究の一環として実施された「第5回男女の生活と意識に関する調査」からもたらされました。まえがきでは、その一部の数字しかご紹介できなかったので、ここであらためてデータを提示しておきましょう。

回答者全員を対象にした「現在、あなたはセックスをすることに関心があるか」を見ると、[表2]のようになります。男性全体を見ると、実は81・4%がセックスに対して「関心がある」と答えました。「あまり関心がない」「まったく関心がない」「嫌悪している」を合計しても、17・7%のみ。

ところが、これを若年層に限ってみると、話が少々違ってきます。13ページの[表1]のとおり、16〜19歳の男性で36・1%、20〜24歳の男性で21・5%が、セックスに「関心がない」もしくは「嫌悪している」と答えています。しかも、2年前の調査に比べて、それぞれの比率が倍増していることが問題なのです。

まえがきでも少し述べましたが、この年齢層、いわゆる「若者」の男性は、一生のうち

[表2] 現在、あなたはセックスをすることに関心があるか

	総数	男性	女性
総数	1,540	671	869
とても関心がある	11.6%	21.9%	3.7%
ある程度関心がある	51.5%	59.5%	45.3%
あまり関心がない	28.9%	15.1%	39.6%
まったく関心がない	5.3%	1.9%	7.8%
嫌悪している	0.9%	0.7%	1.0%
無回答	1.8%	0.9%	2.5%
(再掲) 関心がある	63.1%	81.4%	49.0%
(再掲) 関心がない＋嫌悪している	34.2%	17.7%	48.4%

(北村邦夫：「第５回男女の生活と意識に関する調査」2010)

で最も男性ホルモンの分泌が多いはず。男性ホルモンには性欲を亢進《こうしん》(たかぶらせること)させる働きがありますから、本来であれば、一生のうちで最もセックスに貪欲でなければおかしい時期です。ところが現実には、彼らのセックスへの関心は40代前半の男性以下。若者たちに、いま何が起きているのでしょうか。

◆草食系男子の定義とは

セックスに「関心がない」もしくは「嫌悪している」若い男性。こうしたタイプの男性は、実はある種の男性ときわめてイメージが近いと思われます。それが「草食男子」、または「草食系男子」。２００９年の新語・流行語大賞にトップテン入りした頃から、私たちの身の周り

でも、この言葉はごく当たり前のように使われています。

「草食男子」という言葉を編み出したのは、コラムニストの深澤真紀さん。2006年10月、『日経ビジネス』のウェブサイトに連載していた「U35男子マーケティング図鑑」で、「オカン男子」「しらふ男子」などとともに紹介したのが最初だとされています。その後2008年、女性誌『non-no』が「草食男子」特集（深澤さん監修）を組んだことで、彼らに対する社会的な認知度が一気に高まり、朝日新聞や読売新聞などの全国紙でも「草食男子」が取り上げられるようになりました。

深澤さんによる「草食男子」の定義は、「もてないわけではないのに、恋愛にもセックスにもがっつかないで、淡々と女性に向き合う」男性のこと。あるいは、「恋愛に『縁がない』わけではないのに『積極的』ではない、『肉』欲に淡々とした」男子のこと。あるインタビューで深澤さんは、「『肉体関係』にがつがつしないから『草食』という意味と、『平和的』なイメージから名付けました」と、ネーミングの由来を語っています。

ところが、私が最近立て続けに取材を兼ねてカウンセリングをした「草食系」らしき男性は、深澤さんの定義したキャラクターとは微妙にズレているように感じました。

「草食男子」。この字ヅラだけを見ると、いかにも人畜無害で、性欲などはまったくなくて、カフェでのんびりサラダでも食《は》んでいるようなイメージがあります。そして今回私が出会った若者たちも、線が細いながらも人当たりが柔らかく、女性ウケがよさそうなタイプが多かった。しかし、よくよく話を聞いてみると、彼らの性欲はかなり旺盛だったのです。

私が面談した多くの男性のなかで、特に象徴的だったM君とT君のケースについて、次にご紹介しましょう。

◆戦う前に白旗を揚げる男たち

M君は某有名企業で正社員として働く24歳。初体験は21歳のときで、これまでにつき合った彼女は2人。ただし、交際期間はどちらもごく短かったとか。自分でも性欲が強いことを自覚していて、週に最低4〜5回はマスターベーションをする。その際のオカズはレンタルDVDで、希志《きし》あいのなどの「女優物」が好み。レンタルビデオ店であれこれ物色するのも楽しみだという。彼女いない歴は約1年だが、一時フーゾクにハマっていたので、セックスをしていない期間は、必ずしも1年にはなりません。

「自分では、草食系だとは全然思っていません。でも、よく草食系に見られますね。セックスにがっつかないという意味では、草食系も好ましいと思っているので、別に草食系に見られても構わないんですけど」

そう語るM君は、恋愛に対しては奥手だが、性欲に対しては決して淡々としていません。以下、会話を少し再現してみましょう。

北村　M君にとっては、セックスにがっつかないことが美徳なのかな？

M君　というか、がっつく自分がみっともないと思っているので。恥ずかしいというか。

北村　ボクらオヤジ世代では、「据え膳食わぬは男の恥」なんてよく言うんだけど。M君はやっぱり、据え膳でも食わないのかな？

M君　とにかく、自分からは行けないですね。失敗したら恥ずかしいとか、そんなふうに考えてしまって。がつがつしている自分を相手に見られるのもイヤだし。

北村　でも、性欲は人一倍強いんだよね？

M君　中学生の頃から、毎日のようにオナニーはしています。昔読んだエロ本に「早漏は恥ずかしい」とか書いてあったので、オナニーで鍛えておいたほうがいいと思って。

北村　M君にとって、早漏の定義とは？　早く出ちゃうこと？

M君　そうですね。

北村　でもセックスって二人の営みだからさ、相手の欲求と深くかかわるんだよ。たとえば相手が1時間の営みを求める女性なら、59分もったとしても早漏になる。逆に、3分でオーガズムを迎える女性なら、4分でも遅漏になっちゃうんだよ。

M君　あっ、そうか！

北村　彼女いない歴1年ということだけど、彼女を作る努力はしないの？

M君　自分から声をかけるのが恥ずかしいんです。女性に話しかけるのが苦手で。

北村　でも、いままでに2人とつき合ったんだよね？

M君　どちらも、向こうから「好きだ」というサインをはっきり見せてくれたから。そういうわかりやすい態度を見せてくれれば、「そこからはがんばります」っていうか。

北村　女性に声をかけるのが、どうしてそんなに恥ずかしいんだろう？

M君　高校時代、一度だけ自分から告白したことがあるんです。卒業旅行の日、それまでほとんど話したことのない彼女に、「ちょっと来て」って呼び出して。

北村　ほう、やったな！　それで、つき合うことになったの？

M君　「じゃあ、つき合ってみる」って言われたんですけど、それでがっかりしちゃって。

北村　どうして？

M君　「じゃあ、つき合ってみる」ってことは、その時点ではボクのこと、好きでもなんでもなかったってことですよね。それがなんかショックで……。結局、デートにも誘えませんでした。

M君の例は、現代の草食系男子の典型だと思います。人並み以上に性欲はあるのに、フラれて傷つくのが怖くて、自分からは女性に言い寄れない。そして、自分から女性に言い寄らない口実として、自分で勝手に「女性とつき合う」ことのハードルを上げているように見えます。セックスに持ち込むはるか以前の段階で、白旗を揚げているのです。彼らは一見、自信がないからこのような行動を取っているようにも見えますが、実はプライドが高いため、という見方もできます。プライドが高すぎるために、そのプライドをへし折られる可能性のあることを、極度に警戒しているわけです。

こうした傾向は、実はわが国の多くの若者にも当てはまるのではないでしょうか。恋愛やセックスにおいて、女性側がハードルを高くした覚えはないのに、男性側で勝手にハードルを上げて、勝手にあきらめている状態。

たとえば、あの浜崎あゆみが外国人男性と結婚したのも、小雪を松山ケンイチが射止めたのも、女性アイドルがしばしばお笑い芸人と結婚するのも、根はすべて同じような気がします。多くの男性が「高嶺の花」だと思って指をくわえて見ているなか、フラれることを恐れず、カッコ悪くても気にせず、なりふり構わずアタックした男のみが、天下の美女を射止めることができる。

私のクリニックによく訪れる井川遥《いがわはるか》似の22歳の女性と、先日こんな会話を交わしました。

「私たちが合コンするとき、相手は30代以上の男子に限定してるの。40代でもＯＫ。先生、なぜだかわかる？」

「お金を持ってるから？」

「ブー！　だって同世代の男だと、お持ち帰りどころか、２次会さえなかったりするから。飲んでおしゃべりするだけで、メアドも聞かずに、終電でそそくさと帰っていくの。信じられる？　あの子たち、合コンに何しに来てるのかな」

また、現在婚活中という33歳の女性がこんなふうに嘆いていました。

「先日、婚活クルージングに参加したとき、ある男性と結構いい雰囲気になったんです。同じアーティストが好きだったので、話がすごく弾んで。でも、東京湾を一周して戻ってくると、『ああ、今日は楽しかった。ありがとう。バイバイ』だって。あの人、女性より

２０００円も多く参加費を払って、結局何がしたかったのかな」

念のため、彼女たちの名誉のために申し添えておくと、ルックスは二人とも平均よりかなり上。少なくとも、見た目で男性に嫌われたわけではなさそうですが……。

◆性欲はあるけど、セックスはめんどくさい

Ｔ君はＩＴ関連の会社で契約社員として働く24歳。21歳から23歳まで、３歳下の彼女と２年弱つき合い、１年半前に別れたとか。セックス経験は彼女一人だけで、この１年半はセックスなし。性欲は人並みにあるので、マスターベーションは週２〜３回。オカズは主にインターネットの無料アダルトサイトを利用しているそうです。

「草食系」という自覚はないけど、「自分でもセックスにがっつく感じはまったくないので、まあ、草食系かな」とのコメント。

昨年、男友だち４人でタイへ旅行に訪れたときも、そのうちの２人は現地で歓楽街に夜遊びに出かけていきましたが、Ｔ君ともう一人はホテルに残ったとか。そのことに関する発言がとても興味深いものでした。

北村　T君はどうして夜遊びに出かけなかったの？　病気が怖かったとか？
T君　いや、それよりもむしろ、翌日の予定のことを考えちゃったんですよね。
北村　翌日の予定？
T君　バンコク市内の寺院や王宮をいろいろ見て回ることになっていたんですよ。せっかくタイに行ったんだから、涅槃仏《ねはんぶつ》とか、この目でちゃんと見たかったし。だから翌日の観光に備えて、今夜はゆっくり休んで、体力を温存しておこう、と。寝不足のまま観光に出かけるのは損だと思ったんです。
北村　しかし、タイの夜を経験するのも、非日常というか、旅ならではの楽しみだと思うけど。まあ、確かに性感染症の問題はあるんだけどね。
T君　いや、別に性欲の処理なら、日本でいつでもできるんじゃないかって。
北村　………。

さすがの私も、絶句せざるをえませんでした。立場上、タイで風俗店に行くことは決して奨励できませんが、若い男性なら、普通は「夜の観光」のほうに興味を抱くのではないでしょうか。

このT君、ルックスもなかなかなので、1年半前に彼女と別れた後、他の女性と二人きりで食事をしたり、ボウリングしたりする機会もあったのだそうです。しかし、結局、男と女の関係にまでは発展しませんでした。その理由は「セックスするのがめんどくさかったから」。

北村　セックスするのがそんなにめんどくさいの？

T君　そうですね。ボクは実家で両親と暮らしているので、セックスしようとしたときに、する場所がないんですよ。場所を確保するのにもお金がかかるし。

北村　2時間3500円くらいのホテルもあるよ。

T君　でも、ボクの住んでいる板橋にはラブホがないんですよね。他の街まで出かけていくのも面倒だし。

北村　面倒だといっても、板橋だったら、たとえば池袋とかすぐ近くでしょ？

T君　すぐ近くではあるんですけど、面倒といえば面倒ですね。

北村　クルマで行けばすぐでしょう。実家のクルマ、使えるんだよね？

T君　使えますけど、都内は道が混んでいるから、あまり走りたくないじゃないですか。

北村　だから、そういうことじゃないんだよ！　女をモノにするときは、道が混んでるとかなんだとか、そんなの関係ないと思うんだけどね！

最後は私も、つい熱くなってしまいました。性欲はマスターベーションで処理しているから、特にセックスする必要は感じないというT君。彼もやはり、いまどきの「草食系男子」の一人といえそうです。

先ほど、「草食男子」という新語を作ったコラムニスト深澤真紀さんによる「草食男子」の定義をご紹介しましたが、M君、T君と面談した結果、もっとふさわしい定義が別にあるように感じました。

２００８年７月、『草食系男子の恋愛学』（メディアファクトリー）を上梓した大阪府立大学教授で哲学者の森岡正博さんは、「草食系男子」を次のように定義しています。「新世代の優しい男性のことで、異性をがつがつと求める肉食系ではない。異性と肩を並べて優しく草を食べることを願う草食系の男性のこと」。この定義は、２００９年刊行の著書『最後の恋は草食系男子が持ってくる』（マガジンハウス）で、さらに修正が加えられました。「草食系男子とは、心が優しく、男らしさに縛られておらず、恋愛にガツガツせず、傷ついたり傷つけたりすることが苦手な男子のこと」。私が実際に会った限りでいえば、最後の定義がより的を射ているのではないかと思いました。よって本書では、このような男性のことを「草食系男子」と表記することにします。

余談になりますが、「草食系男子」から派生した「ロールキャベツ」「アスパラベーコン」という男性たちについても、簡単に説明しておきましょう。

ロールキャベツはご存じのとおり、ひき肉などの具材をゆでたキャベツで巻いて煮込んだ西洋料理。そこから、「外見は草(食)だけど、中身は肉(食)の若者」を表す隠喩《いんゆ》として「ロールキャベツ」という名称がときに使われます。一見、女性には無害でおとなしそうなタイプながら、実はかなりの女好き、というタイプですね。

一方、ベーコンアスパラ巻きは、お弁当のおかずなどにも多用される、ゆでたアスパラをベーコンで巻いて炒めた料理。外側が肉、内側が草という点で、先ほどのロールキャベツとは真逆になります。そこから、「外見は女好きで性欲が強そうに見えるけど、実はセックスに対してきわめて淡白な男子」を「アスパラベーコン」と表現するようです。誰が名付けたのかわかりませんが、ユニークなネーミングを考える人がいるものですね。

◆マスターベーションの功罪

さて、セックスに消極的な草食系男子といえども、男性ホルモンは他の男性と同様に分泌されているのですから、性欲は人並みにあって当たり前。そこで彼らは、性欲を満たすために、マスターベーションに励むわけです。M君は最低でも週に4～5回、T君は週に2～3回行っていると語ってくれました。

そのため、一部の人は、次のように思うかもしれません。「若者がセックスを疎《うと》ましく思うのは、マスターベーションで満足してしまっているからだ。マスターベーションしなくなれば、若者はもう一度セックスに前向きになるのではないか」と。

しかし、セックスをしないということと、マスターベーションの回数とのあいだには、ウェブ調査などのデータを見ても、必ずしも相関は認められません。だから「マスターベーションをしているから、セックスに積極的ではない」とはいえないのです。

そこでここでは、ちょっと寄り道して、マスターベーションの功罪について考えてみましょう。

マスターベーションの最大のメリットは、性欲を自分で上手にコントロールすることで、望まない妊娠を防いだり、相手から性感染症を引き受けるリスクをなくせること。これは男女ともにいえることで、現実のセックスには残念ながら、常にこうしたリスクがつきまとうものなのです。また、意外に知られていないのですが、真剣に子作りに励もうというカップルの場合でも、マスターベーションを頻繁に行ったほうが、女性が妊娠する確率（医学用語で妊孕率《にんようりつ》といいます）は高まります。というのも、ヒトの精子は精巣で約70日かけて精原《せいげん》細胞から分化しますが、作られて間がないほど運動量が活発なのです。妊孕率は精子の数量ではなく運動量で決まるため、事前に古い精子を排出してからセックスに臨めば、それだけ新鮮でフレッシュな精子を供給できるわけです。

一般的には、マスターベーションをすると精液が薄くなり、妊娠の確率が下がると思われていますが、実はそうではない、ということですね。

逆に、マスターベーションのデメリットは、まれに「膣内射精障害」を起こしてしまうこと。簡単にいえば、女性とのセックスで射精できなくなってしまう障害です。要因は、マスターベーションでペニスを強く刺激しすぎてしまうため。そのせいで、女性の膣の刺激では物足りなくなってしまうのです。

カウンセリングを受けに来る男の子には、私はこんなふうに説明します。

「人の手っていうのは、実に器用にできているものなんだよ。ピアノを弾くこともできれば、ゴルフクラブを握ってゴルフボールを打つこともできる。女性の膣ではそうはいかないでしょ？　膣でピアノを弾くことも、ゴルフをすることもできない。だから、自由自在に動く自分の手のほうが気持ちいいのは当たり前。マスターベーションをするときには、そのあたりのことを考えて、強くこすりすぎないようにしたほうがいいよ」と。

こうしたデメリットは、男性限定のもの。女性のマスターベーションにデメリットはありません。私はむしろ、一人でも多くの女性に、マスターベーションで自分の体の性感帯を探してほしいと思っているくらいです（第5章で詳述します）。

ともあれ、マスターベーション自体が、若者のセックス離れを促すものだとは考えられません。というのも、私たちオヤジ世代をはじめ過去に「若者」といわれた男たちはみんな、毎日せっせとマスターベーションをしつつ、同時に生身の女性相手のセックスにも励んでいたのですから。若者をセックス嫌いにしてしまった要因は、おそらくどこか別のところにあるはずです。

◆若者のセックス離れは世界的な傾向？

私たちのまとめた「第5回男女の生活と意識に関する調査」から、まずは若者のセックス嫌いが進行している現実を報告しましたが、それに関して、さらに気になる事実があります。それは、「セックス嫌いの若者が増えている」というニュースに対して、当の若者たちが批判的でなく、むしろ好意的であること。

この調査は２００２年以降2年おきに実施していて、「セックス嫌いの若者が増えている」とメディアに情報提供したのは、実は今回が初めてではありません。「関心がない」もしくは「嫌悪している」若者の割合は、調査するたびに増え続けているのですから。そこで、前回２００８年の調査結果が出たとき、私はあるウェブマガジンに、「生身の女に興味を持てない若者たち」をテーマにエッセイを書きました。

ちょうどその頃、『CLANNAD《クラナド》』という恋愛アドベンチャーゲームが流行っていたので、それを少しだけ引き合いに出して、「若者はもっと生身の女性に興味を抱くべきだ」というようなことを書いたわけです。すると、多くの若者から激しいバッシングを受けました。「2ちゃんねる」の掲示板に「北村を殺せ！」というメッセージが殺到し、いわゆる「炎上」と呼ばれる状態に。「俺たちが2次元の女に走っているのは、3次元に魅力的な女がいないせいだ。そんなことも知らずに、勝手なことを言うな」というのが、彼らの主な意見でした。そこであのときは、事態を沈静化するために、「言葉遣いはともかく、私のエッセイを読んできちんと反論してくるなんて、いまどきの若者も捨てたもんじゃない」とフォローをしたほどです。

ところが今回は、「若者の草食化進む」という形で若者のセックス嫌いをメディアに発信し、ウェブで嘆いても、どこからも批判が出ません。それどころか「そうなんだよな」という共感がツイッターを中心に広まっています（一部では「女性とのかかわりを持たない男が増えるということは、取り残される女性が増えることになるぞ」とか「中年の男に同年代の女が寝取られているんだ！」といった声もありましたが）。

男子の草食化はすでに周知の事実であるため、「草食系男子」たちも社会ですっかり市民権を得ている、ということでしょうか。だとすれば、事態は私の思っている以上に深刻なのかもしれません。

この「セックス嫌いの若者」のニュースは国内に留まらず、海外メディアでも取り上げられています。たとえば『中国新聞網』などの中国メディアでは「草食族」または「草食男」、『ウォール・ストリート・ジャーナル』などのアメリカのメディアでは「Herbivore men（草食動物男）」と「草食系」を言い換えて報じられました。「セックス嫌いの若者」には、海外メディアも注目したようです。

アメリカでは同じ時期に、同じようなニュースが報道されました。それは、オハイオ州立大学とブルックヘブン国立研究所の研究チームが行った、「若者は何を望んでいるか」という調査。その結果、アメリカの19歳前後の若者も、「お金やセックスより、褒《ほ》められること。周りから評価されたり、よい成績を収めることで自尊心を高めること」を最も望んでいることが明らかになったそうです。研究チームを率いたオハイオ州立大学のブラッド・ブッシュマン教授は、意外な結果にショックを受けたとか。それまで大学生といえば、酒を飲んだりセックスすることが大好きだと、教授自身は予想していたのですから。

もしかすると、「草食化」や「若者のセックス離れ」は、わが国だけの現象ではないのかもしれません。

第2章

相手の肌に触れたくない

◆生身の女性とセックスしたがらない

第1章では、恋人やセックスの相手を積極的に求めるわけではなく、マスターベーションで「自己完結」している若者たちについて取り上げました。性欲は人一倍ありながら、彼女を作ることに対して自分でハードルを高くしてしまい、恋愛に臨む前から白旗を掲げて、AVなどで淡々とマスターベーションに励む男たち……。

しかし考えてみれば、マスターベーションで自己完結する男性は、いつの世にも存在していました。私たちオヤジ世代が若かりし頃にも、そんな男性は身の周りにいくらでもいたように思います。

思春期を迎えると同時に自意識過剰になり、自分の体型やニキビなどが気になって、女性に対しいたずらに劣等感を抱いてしまう。その結果、女性に声をかけることができずに、一人で悶々と思い悩む……。そんな苦悩する青年像を思い浮かべただけで、思わず、「これが青春だ！」と叫びたくなってしまいました。もっとも、「オヤジ世代の悩める青年」と「現代の草食系男子」の大きな違いは、草食系男子が必ずしも、恋人をほしがっているわけではないということ。草食系男子は、たとえ恋人ができなくても、くよくよ思い悩んだりはしない。彼らは、恋人がいない状態が「不自由」ではないようなのです。

恋人のいない男性がセックスしないのは、ある意味、当たり前の話ですよね。そうではなくて、れっきとした彼女がいるのに、生身のパートナーには見向きもしない。あるいは、彼女を作ろうと思えばいつでも作れるはずなのに、その努力をしない。あえて「セックスしない」という選択をする若者たちもいます。

◆アニメのキャラを「嫁」にするイケメン

たとえば、本来女性にモテモテのタイプなのに、生身の女性にはまったく興味を示さないという17歳のカズマ君。２０１１年1月27日付け朝日新聞の「いま子どもたちは」というコラムで取材されていた、いまどきのセックス嫌いの若者の一人です。記事のタイトルは、「純愛求めて2次元に『嫁』　カズマ・17歳」。読者の皆さんは、この若者にどのような感想を抱くでしょうか。少し長いですが、全文を引用して紹介します。

私立高校2年のカズマ君(17)＝埼玉県＝は中学時代、生徒会長でテニス部長だった。同級生の男子は「イケメンで成績優秀で、誰にでも分け隔てなく接する、みんなの憧れの存在」とたたえる。告白してくる女の子が後を絶たなかったが、決まって「今はそういうこと、考えられない」と断った。

「自分は2次元に嫁がいるから。とは言わなかったですけど……」。2次元とはアニメ、「嫁」は好きな女子キャラクターのこと。彼はいわゆる「アニメおたく」なのだ。

「以前は周りにおたくと思われるのがすごく嫌だった」という。アニメを見たり情報を集めたりするのはネットで事足りるから、秋葉原には行かない。4歳上の兄のお下がりが多いという服装もおしゃれで、バンドマンのようだ。

中2の夏、兄の影響でアニメを見るようになった。鑑賞2作品目の「ひぐらしのなく頃に」で、最初の「嫁」に出会った。うるさいだけだと思っていた女の子のキャラが、実は友のために自らの命を顧みずに行動していた、という設定。「やばい、最高すぎる」と胸が熱くなった。

「嫁」の魅力として、真っ先に純粋さを挙げる。「聖なる生き物なんで」、性的な目線で見ることもない。自分は純愛を求めた結果、アニメにたどり着いたのだ——と、拳を握りしめて力説する。

「2次元は裏切りませんし。3次元はドロドロしてますもんね」。女の子に面と向かっては言わない、きつい本音が出た。

「3次元」は現実世界を指す。3次元で彼女がいたことは、と聞くと、「いません」と即答した。恋心を抱いたこともないという。

なんで現実の女の子は「ドロドロ」だと思うのだろう。「よく聞きますよ」と彼が語り出したのは、身近な女子たちのことだった。友だちのことを「親友」と言っていた子が、裏では「あいつウザい」と陰口をたたいていた。そんな姿を見るうち、引いてしまった、と。アニメの女の子に求めた純粋さは、現実の裏返しだった。

高校に入ってからは女子と話すこともしない。同級生は「話せばモテモテなはずなのに、もったいない」。確かに期待を裏切られることはあるけど、話をして分かり合えるのも3次元だけでは——。そう聞いても、カズマ君は揺るがなかった。「嫁は美しいし、一種の芸術みたい。別に、話なんかできなくてもいい」

（秋山千佳）

「3次元（現実世界）の女性より、2次元（アニメ）の女性のほうがいい。なぜなら、2次元の女性は自分を裏切らないから……」。

こういった心理は、まったくわからないではありません。たとえば、彼女のいない男性が女性アイドルに憧れたり、子育ての終わった夫婦がペットをかわいがったり。人は、第一の望みが叶えられない場合には、第二の望みを叶えようとするものですから(これを心理学用語で「代償行動」といいます)。そして、人が憧れの異性を神聖視する心理も理解できます。私たちオヤジ世代でいえば、熱烈な吉永小百合ファンは「サユリスト」と呼ばれ、「純真無垢な小百合ちゃんがトイレになんか行くはずがない」と、なかば本気で信じていたとか(真偽のほどは不明ですが)。

とはいえ、私がカズマ君の言動に違和感を抱くのは、3次元から2次元への切り替えが、あまりにも唐突であまりにも安易なこと。「友だちのことを『親友』と言っていた子が、裏では『あいつウザい』と陰口をたたいていた」くらいで、「現実の女の子は『ドロドロだ』」とまで思うでしょうか。現実の女性に幻滅するのが、あまりに早すぎるのです。

◆女性のひと言でEDに

私がカズマ君に抱いた違和感を読者の皆さんにもご理解いただくために、もう一人の若者に登場してもらいましょう。先日、クリニックの電話相談で生々しい話を聞いたばかりのE君(私が勤務するクリニックでは、男性からの電話相談も受け付けています)。大手証券会社に勤務する営業マンです。彼は25歳の若さながら、ED(Erectile Dysfunction＝勃起不全)

であることを告白してくれました。ちなみにＥＤとは、「性交時に充分な勃起が得られないため、あるいは充分な勃起が維持できないため、満足な性交が行えない状態」のことをいいます。

北村　それでキミは、自分がＥＤになった原因について、何か思い当たることがあるの？

Ｅ君　はい。大学時代、飲み屋で知り合ったばかりの女の子とホテルに行ったとき、ちょっとショッキングな出来事がありまして。

北村　ほう。どういうこと？

Ｅ君　自分としては、ごくフツーにエッチしたつもりだったんです。２年以上つき合っている彼女もいて、その彼女ともフツーにエッチしていましたから。で、終わったとき、その夜初めてエッチしたその子に聞かれたんです。「Ｅ君、彼女いるの？」って。最初は、その子からコクられる(好きだと告白される)のかと思いました。え〜、彼女いるのに、まいったなあ、なんて……。

北村　ははあ、モテモテじゃないの。

Ｅ君　いや、そうじゃなかったんです。その子に、続けてこう聞かれたんですよ。「キミの彼女、キミとエッチしていて、気持ちよさそうにしてる？　ちゃんと感じてるのかな？」って。……すごいショックでした。なんか自分という存在を全否定されたみたいで……。

北村　そうかあ。なるほど。

E君　それ以来、本命の彼女とエッチしようとしても、なぜか勃《た》たなくなっちゃって。気まずくなって、彼女とは大学卒業と同時に別れましたが……。

E君がEDの状態に陥ったのは、その日会ったばかりの女性に、彼のセックス・テクニックを小馬鹿にするような発言をされたから。それがE君にはものすごくショックで、その経験がトラウマとなり、それまでつき合っていた彼女とのセックスもうまくいかなくなってしまったのだといいます。

おそらくE君は、いまどきの多くの若者がそうであるように、どちらかというと打たれ弱いタイプなのでしょう。ベッドをともにした女性の無神経なひと言で、いきなりEDという性機能障害を起こしてしまったのですから。

とはいえ、E君はとにもかくにも、現実の女性から実際に痛い目に遭っています。その点が、先ほどご紹介したカズマ君と大きく違っているところでしょう。痛い目に遭ったE君がEDになったのは理解できるし、その後「生身の女はもうこりごりだ」といって2次元のアニメの世界に走ったとしても(実際にはそうではありませんが)、それもまた理解できます。しかし、現実の女性とつき合ったことがなく、特に手痛い仕打ちを受けていないであろうカズマ君が、いきなり2次元の世界に走るのは、やはりどうしても理解できません。

もちろん、カズマ君を直接カウンセリングしたわけではありませんから、カズマ君がこれまでにどんな個人的体験を積み上げてきたのか、私にはわかりません。しかし、先ほどのコラム記事を読む限り、カズマ君もまた第1章で紹介した草食系男子たちと同様、「戦う前から恋愛やセックスに白旗を揚げている」としか思えないのです。

◆アダルトサイトのせいでセックス嫌いに

生身の女性とセックスしたがらない若者には、別のタイプも存在します。

Y君は18歳の私立大学生。まだ童貞にもかかわらず、「これから先、女性とセックスすることはないと思います」と、きっぱり言い放ちました。

Y君は、別に同性愛者ではありません。性欲も人並みにあります。ただ、生身の女性に対して抱いている「不潔感」を、どうしても拭《ぬぐ》い去ることができないのだそうです。

北村　いつ頃からそうなっちゃったんだろう？　女性に不潔感を抱くというのは。

Y君　小学6年生のときからですね。夏休みの宿題のために、お父さんのパソコンを借りて、インターネットで調べものをしていたんですが……。

北村　なるほど。一人でパソコンを使っていたわけだ。

Y君　調べものが意外と早く終わったので、あちこちのサイトを覗いてみたんですよね。ブックマークされていた、面白そうなサイトを。すると、なんか怪しげなアダルトサイトにつながっちゃって……。

北村　ああー、そういうことか。

Y君　モロだったんです。無修正っていうんですか？　それも、なんだかよくわからないけど、オシッコしている女性の性器がアップで延々と映っていて……。最初はワケがわかりませんでした。そのうち、見ていて気持ちが悪くなってきて。初めて見る女性のそれは、ものすごくグロテスクだったので……。いまは、どういうことなのか、わかりますが。

北村　つまり、お父さんの趣味というか、ね。
Y君　そうですね。そういう意味でもショックだし、女性器そのものにもショックを受けたし。だから、もうこれから一生、女の人とはエッチしたくないなと思ってしまって。とにかく、女の人のアソコは不潔だし、気持ちが悪いから。
北村　でも、18歳だし、性欲はあるんでしょう？　マスターベーションとかはしないの？
Y君　実は、しています。女性の胸には興味あるんで。雑誌のグラビアとか見ながら、ですかね。

今日《こんにち》のネット社会は、特に若年層に様々な悪影響を与えています。Y君も、そんなネット社会の被害者の一人。まったくの偶然とはいえ、きちんとした性知識を与えられる前に、そのものズバリの映像を見て、女性器に嫌悪感を抱いてしまった……。小学6年生の少年には、確かに刺激が強すぎたのでしょう。トラウマになるのも当然です。

実は、インターネットを通じて歪んだ性知識を学んでしまったがために、誤解をし、セックスを嫌悪するようになった若者は少なくありません。私がこれまでにカウンセリングしたなかでも、男女ともに、そういったケースは何例も見られました。

話を聞いてみると、みんな驚くほど知識が豊富なんですよね。様々な体位やオーラルセックスのやり方、さらには、イクときに女性が演技するかどうか、といったことまで。海千山千の私（笑）が思わずひるんでしまうような、キワドい話を聞かせてくれます。

ところが、そのすべてが、実体験をともなわない、単なる知識としての情報です。自分で経験したことはないけど、ブログなどの文字情報や無料動画などの映像情報で、もうセックスのことはひととおりわかったようなつもりになっている。かつてはそういう人を「耳年増《みみどしま》」といいましたが、今日では「目年増」ですね。ものすごく頭でっかちになっている。

しかも、ネットに流れる情報の多くは興味本位でしか扱われませんから、性知識そのものがものすごくいびつです。「潮吹き」は知っているのに、「排卵」のことは知らない。「バイアグラ」や「ＭＤＭＡ」は知っているのに、「低用量ピル」を知らない。そうやって、頭の中でものすごくいびつなセックス像を作り上げたうえで、「汚らしい」「気持ち悪い」と、セックスを否定的にとらえてしまう。初体験の前にセックスについて知りすぎてしまった若者たちは、セックスする前から、すでにセックスにうんざりしているわけです。

また、よくよく話を聞いてみると、Ｙ君には若干、「短小」コンプレックスの傾向もあ

［表3］「思春期のための性の相談」で電話相談を受けた悩みの内訳

	男性
合計件数	1,070
包茎	22.3%
自慰	18.2%
性器	13.5%
射精	9.1%
性欲	8.1%
性交	4.7%
問題行動	3.5%
STD	3.0%
妊婦不安	2.2%
近親姦	2.1%
病気	1.7%
避妊	1.5%
精神・心	1.5%
妊娠	1.3%
男女交際	0.7%
エイズ	0.2%
中絶	−
不妊	−
夫婦問題	−
緊急避妊	−
その他性知識	2.1%
その他	4.5%

	女性
合計件数	451
緊急避妊	27.3%
月経	19.1%
妊娠不安	12.2%
妊娠	6.2%
病気	5.5%
男女交際	3.3%
問題行動	2.9%
自慰	2.7%
避妊	2.7%
精神・心	2.4%
STD	2.0%
性器	1.6%
性交	1.1%
近親姦	0.9%
中絶	0.4%
不妊	0.2%
性欲	0.2%
更年期	−
夫婦問題	−
エイズ	−
その他性知識	0.7%
その他	8.6%

（日本家族計画協会・2010年度、8～18歳）

りました。

若い男性の3大コンプレックスといえば、「包茎」「自慰」「性器」と相場が決まっています。私たち日本家族計画協会が1982年から行っている「思春期のための性の相談」という電話相談においても、男性の悩みの上位三傑は毎年同じ［表3］。特に核家族化が進み、銭湯などの公衆浴場に入る機会の減った若者たちは、他人の性器を見たり見られたりする経験がほとんどありません。

かつての時代なら、おじいさんの小さなペニスと自分を見比べて、「オレもそんなに負けてないぞ」などと自信が持てるチャンスもあったのですが、今日では、修学旅行でクラスメイトと風呂に入るときでさえ、お互いペニスを隠し合うらしいですね。世の中の「標準」がわからないから、いたずらに自信を喪失する結果にもなる。まして、アダルトビデオで加藤鷹クラス（長さ17㎝だとか）の巨根を目の当たりにしてしまえば、ほとんどの男子が意気消沈するのも、むべなるかな。また、男性週刊誌の裏表紙によく載っている「包茎だと女性にモテない」という美容形成外科の心ない広告も、若者たちを何十年にもわたって、自信を失わせる方向へミスリードしています。

◆セックスよりマスターベーションがいい

生身の女性とのセックスは経験済み。にもかかわらず、「マスターベーションのほうが気持ちがいい」と、セックスをしない若者もいます。

N君は外車ディーラーに勤める22歳。長身でなかなかのイケメン。2年前からつき合っている、1歳年下の彼女がいます。つき合い始めた当初は、1～2週間に一度の割合で彼女とセックスしていました。が、1年ほど前、友人からもらった「オナホール」と呼ばれるアダルトグッズでマスターベーションしたところ、その快感にすっかりハマってしまったのです。それ以降、彼女とのセックスではイケなくなってしまい、直近の8ヵ月間、彼女との性交渉はナシ。彼女から迫られるたびに、「風邪で熱っぽくて」と仮病を使ったり、あるいはわざとケンカを吹っかけて、そういう雰囲気にならないようにしていましたが、そろそろ限界に。ついに先日、別れ話を切り出されてしまいました。

北村　彼女とのセックスが気持ちよくないんだったら、それは別れたほうがいいんじゃないの？　お互いのために。

N君　いや、彼女のことはまだ好きなんです。一緒にいるのは楽しいし、「彼女」という存在自体を失いたくない気持ちもありますし。

北村　でも、彼女とはセックスしたくない？

N君　してもいいんですが、たぶんオレ、セックスだとイケないんで。オレがイカないと、彼女に対して失礼だと思うんですよ。

北村　それは思い込みだと思うけどね。しかし、そんなにマスターベーションのほうがいいの？　それはもう、膣内射精障害だね。

N君　なんですか、それ。

北村　性機能障害の一種。マスターベーションの刺激に慣れてしまうと、通常のセックスでは射精できなくなる障害のことだよ。オナホールって、どんなのを使ってるの？

N君　TENGAです。

北村　ほう、大人気だね、TENGA。あそこの社長とは仲がいいんだけど。

N君　そうなんですか！　正直、セックスよりも気持ちいいですよね。相手を喜ばせようと、余計な気を使わなくてもいいし、いつでも好きなときにイケるし。

北村　でも、それじゃあ彼女がかわいそうだな。何か解決策を考えるから、今度、彼女も一緒に連れてきなさいよ。

セックスするのが好きか嫌いかを問わず、また既婚者か未婚者かを問わず、男性は基本的に、誰でもマスターベーションをするもの。特に中高年の既婚者の場合は、「古女房とセックスするよりマスターベーションのほうがいい」という男性が多いものです。

とはいえ、N君はまだ22歳。1歳年下の彼女とつき合い始めて、2年しか経っていません。にもかかわらず、彼女とのセックスで射精できないのは、N君との会話にも出てきたとおり、「膣内射精障害」を疑うべきです。マスターベーションするとき、ペニスに加えられる物理的刺激が強すぎるのか。あるいはアダルトビデオなど、いわゆる「オカズ」の

[図1] マスターベーションの頻度

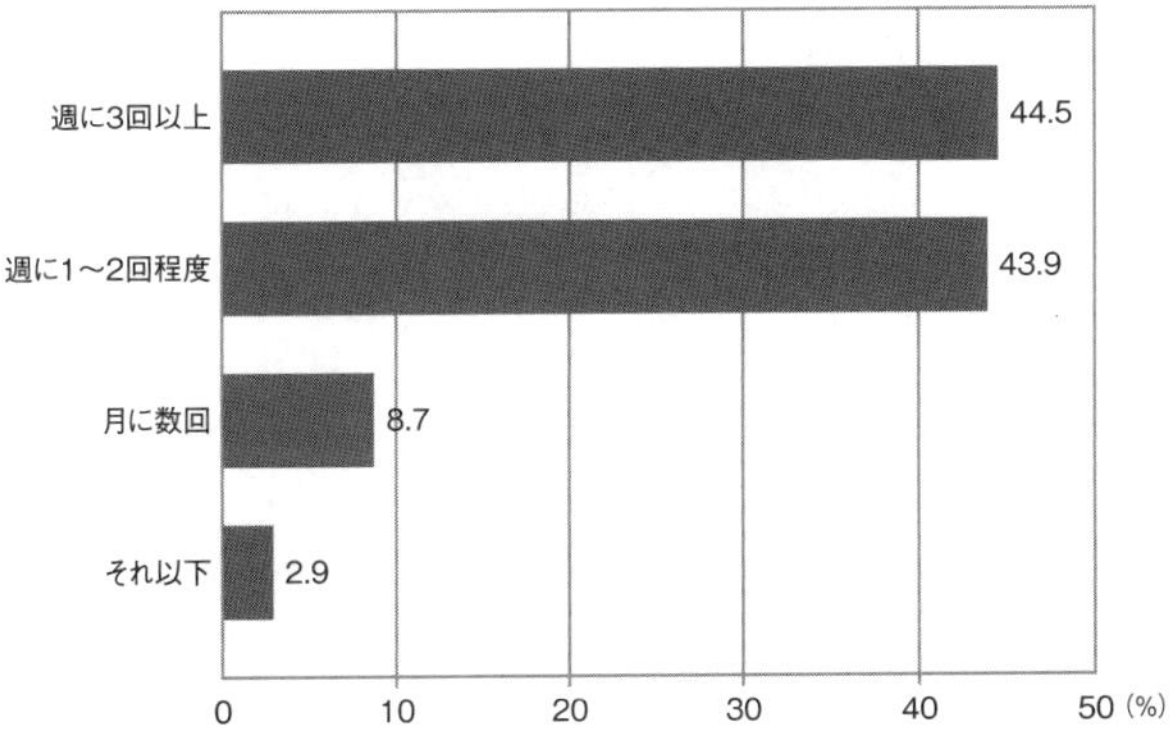

(2004年ジェクス調べ　対象：30歳までの男性200名)

精神的刺激が強すぎるのか。

いや、そういった性機能障害にまで進行していなくても、いまや若者のあいだにまで、「セックスよりマスターベーションのほうがいい」という風潮が広まりつつあるようです。

参考までに、30歳までの男性を対象にした調査では、[図1]のように44・5％の人が週に3回以上、43・9％の人が週に1～2回程度、マスターベーションをすると答えています。9割近くの人が、週に1回以上しているわけですね。

先日、TENGAの松本光一社長とも話したのですが、私たちの若い頃は、マスターベーションに積極的な男子は、セックスにも積極的でした。つまり、マスターベーションをガンガンするタイプは、女性とのセックスもガンガンしたものです。「今日はもう、一度マスターベーションしちゃったから、セックスはしなくていいや」とは、決してならなかった。しかし、どうも最近の若者は、マスターベーションだけで満足してしまう人が多いみたいですね。

私は、ここで声を大にして言いたい。「セックスよりマスターベーションのほうが気持ちいい」というのは、本当に気持ちのいいセックスを経験していないからだと。

そんな私の主張を裏付ける実験に、先日立ち会うことができました。ある週刊誌の企画で、脳波・心拍数・血圧の計測装置を付けたAV男優とAV女優に、実際にマスターベーションとセックスを行ってもらい、それぞれの数値を比較したのです。

その結果、男女ともマスターベーション時の数値は平常値とほとんど変わらなかったのに、セックス時は男女とも、心拍数も血圧も大幅に上昇することが明らかになりました(特に印象的だったのは女優さんの脳波で、オーガズムに達したときの波形は、アルファ波もシータ波も明らかな高まりの持続が見られました)。「どうせ射精するんだから、マスターベーションもセックスも同じ」などと言う男性がいますが、その主張は明らかに間違っています(では、どんなセックスをすれば気持ちいいのか。その答えは、本書第7章で解説します)。

ちなみに、N君はやはり膣内射精障害でした。そこで、ローションを使った低刺激のマスターベーションを指導。2ヵ月後には、彼女とのセックスでも、無事にイクことができるようになったそうです。

◆日本人全体がセックス離れしている!?

本章では、恋人というパートナーがいるのに、あるいはそこにセックスするチャンスがあるのに、あえて生身の女性とセックスしたがらない若者について見てきました。

しかし、おそらく読者の皆さんの多くが、すでに気づかれているのではないかと思います。セックス離れが進んでいるのは、必ずしも「若者」ばかりではないんじゃないか、と。もっと幅広い年齢層にわたって、つまりわれわれオヤジ世代を含めた日本人そのものが、セックスをしなくなっているのかもしれない……。

そこで本章の最後に、入手できる様々なデータを使って、わが国におけるセックス頻度の動向について探ってみましょう。

まず基本的なデータとして挙げられるのが、［図2］「出生数及び合計特殊出生率の年次推移」です。わが国では、「少子化」が叫ばれるようになって久しいのですが、1974年以降は確かに、出生数も合計特殊出生率（一人の女性が一生に産む子どもの平均数）も低下

［図2］出生数及び合計特殊出生率の年次推移

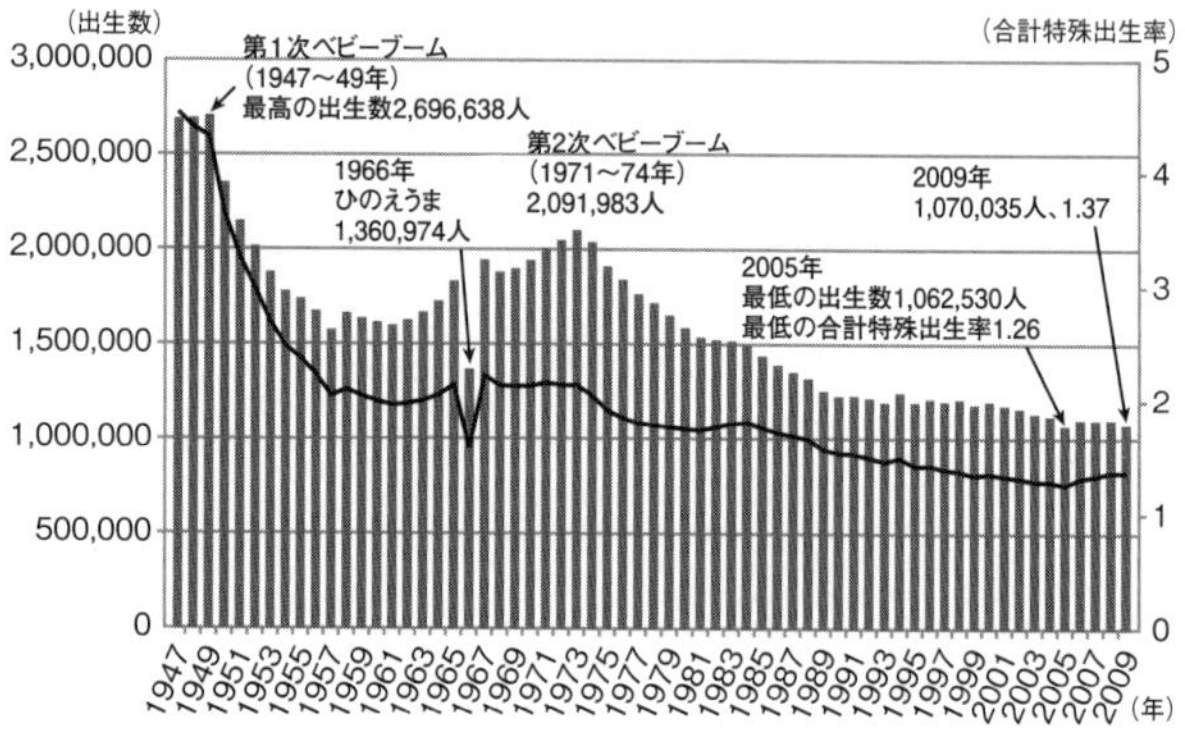

傾向が見られます。現在、わが国で少子化が進行しているのは、まぎれもない事実だといえます。

では、わが国で「少子化」が進行しているのは、いったいなぜでしょうか。

少子化の要因としては、次の4つの理由が考えられると思います。

①結婚数（婚姻件数）が減少している。
②妊娠する可能性（妊孕《にんよう》率）が低下している、もしくは避妊するカップルが増えている。
③人工妊娠中絶数が増加している。
④性交頻度が低下している。

以下、一つずつ検討してみましょう。

［図3］世界各国の婚外子割合

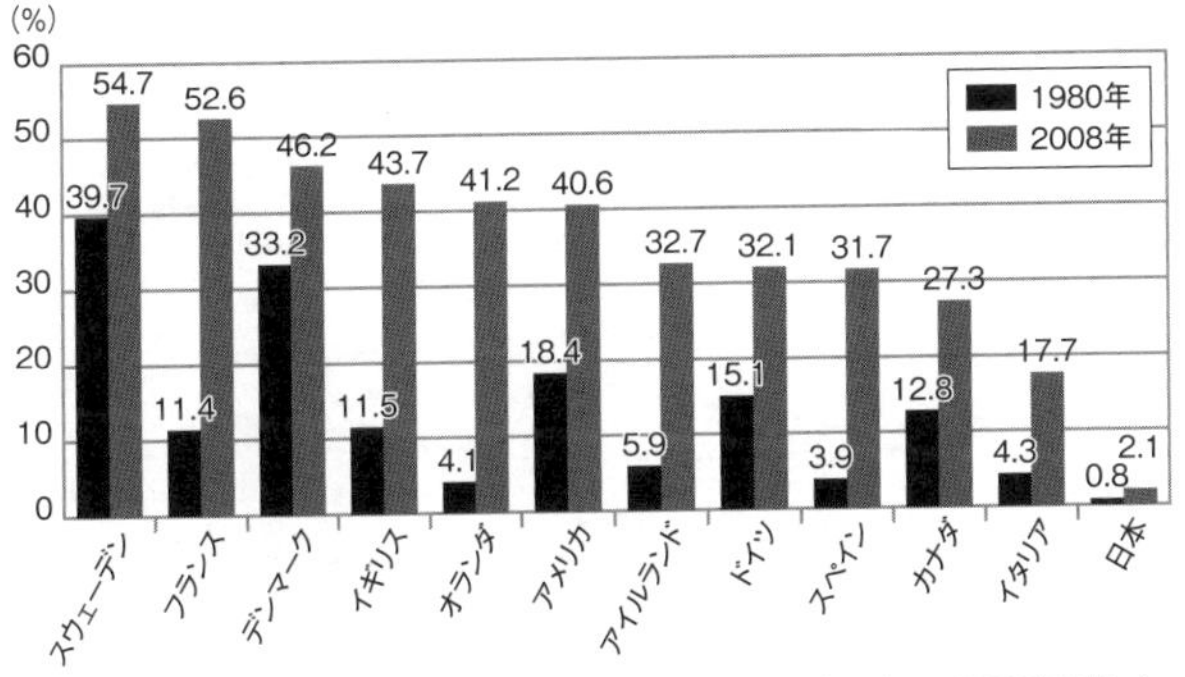

（注）ドイツは1981年、イギリス・アイルランドは2006年、カナダ・イタリアは2007年のデータ。
（米国商務省,Statistical Abstract of the United States 2001、日本：厚生労働省「人口動態統計」）

①結婚数（婚姻件数）が減少している。

世界的に見て、日本は結婚していないカップルから子どもが生まれる確率（婚外子率）がきわめて低い国といえます。試しに、少し前のデータになりますが、［図3］「世界各国の婚外子割合」を見てみましょう。

たとえば、スウェーデンは54・7％。つまり、結婚しているカップルから生まれる子どもよりも、結婚していないカップルから生まれる子どものほうが多いわけです。同様に、フランス52・6％、デンマーク46・2％。フランスでもデンマークでも、生まれてくる子どもの2人に1人近くは、俗にいう「私生児」ということになります。

一方、日本の婚外子率はわずか2・1％。微

[図4] 人口動態統計（出生・死亡・婚姻・離婚）の年次推移

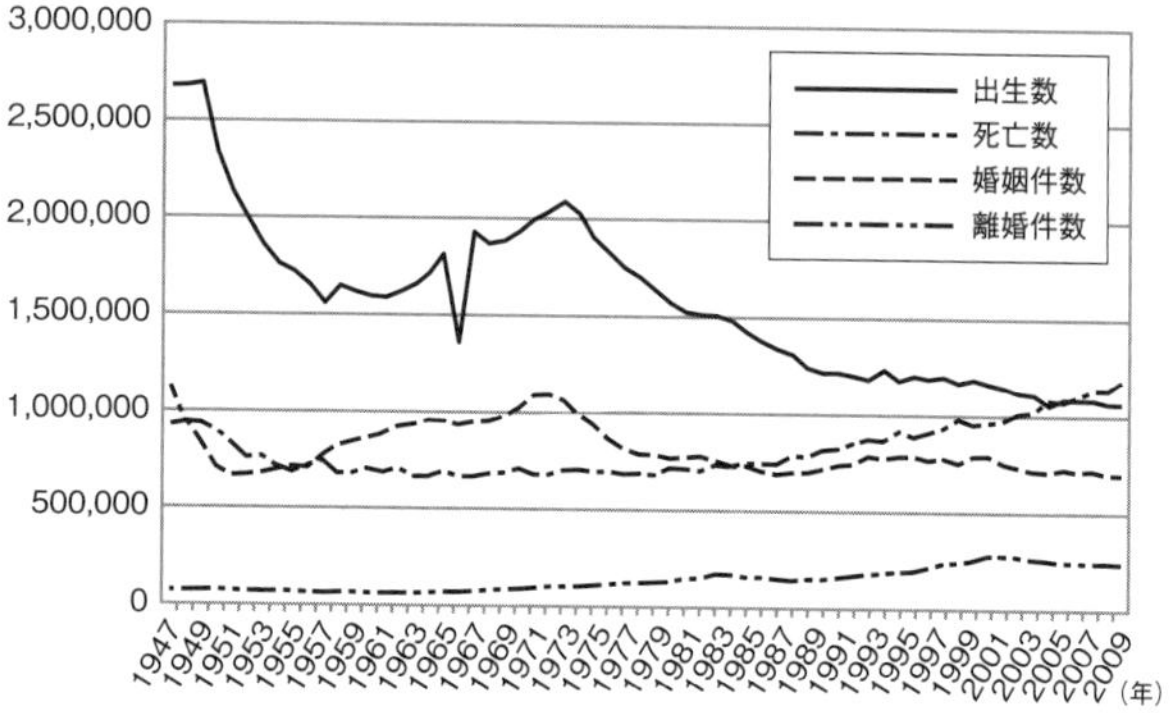

増の傾向にあるものの、100人に2人程度の計算です。わが国では、婚外子（非嫡出子）の権利が法律で厳しく制限されているため（一例を挙げれば、非嫡出子の法定相続分は嫡出子の2分の1）、結婚していないカップルは、どうしても子どもを作ることに消極的になります。その結果、結婚するカップルの数が減れば、生まれてくる子どもの数も必然的に減ってしまうわけです。

そこで、[図4]「人口動態統計（出生・死亡・婚姻・離婚）の年次推移」を見てみると、1970年代以降、離婚件数は少しずつ増えているものの、婚姻件数そのものには著しい減少は見られません。ということは、婚姻件数の増減は、少子化にはそれほど影響していないことになります。

②妊娠する可能性（妊孕率）が低下している、もしくは避妊するカップルが増えている。

少子化が進行していながら、婚姻件数はそれほど減少していない。だとすれば、女性の妊娠する可能性（妊孕率）が低下しているか、あるいは避妊するカップルが増えていることが考えられます。

まず、女性の妊娠する可能性について。妊孕率に関しては、科学的に分析できるデータが存在しません。しかし、過去十数年にわたって女性の生殖機能を害する疾病が流行したことなどはなく、かつ環境ホルモンの影響が増大したとも考えられませんから、基本的に、女性の妊娠する可能性はいまも昔もそれほど変わらないと推測できます（女性の晩婚化が、結果的に妊孕率を押し下げている可能性はありますが）。

次に、避妊するカップルが増えているかどうかについて。試しに、わが国において最も一般的な避妊具であるコンドームの国内出荷数を、厚生労働省の薬事工業生産動態統計調査表より見てみましょう［図5］。すると、1980年には500万グロス（7億2千万個）以上だったコンドームの国内出荷数は、1993年をピークに減少を続けており、2008年にはピーク時の4割以下にまで落ち込んでいることがわかりました。私たち日本人がコンドームを使用する頻度は、明らかに低下しているといえます。

[図5] コンドームの国内出荷数の推移

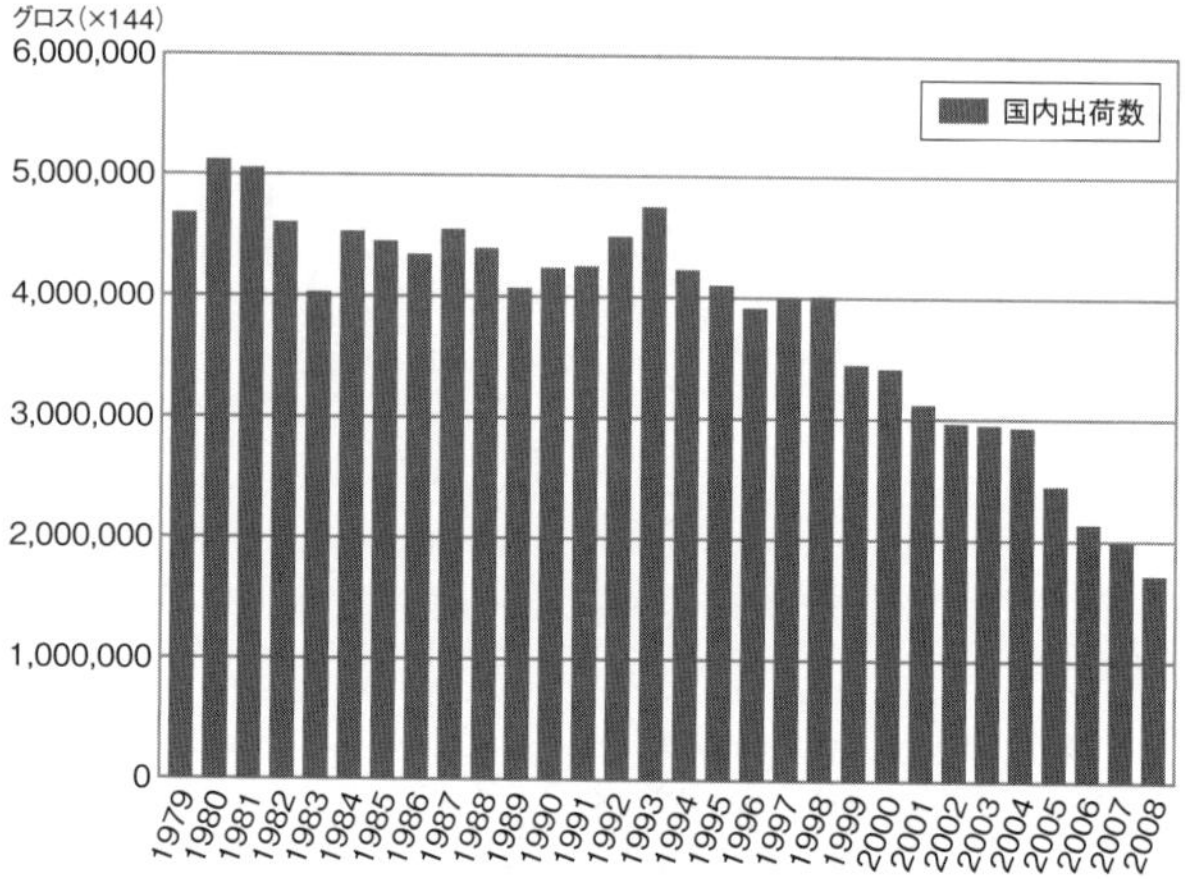

（厚生労働省「薬事工業生産動態統計調査表」より）

　わが国において、最もポピュラーな避妊具であるコンドームの出荷数が減少している以上、避妊するカップルが増えているとは考えにくい状況です。

③人工妊娠中絶数が増加している。

　婚姻件数も、女性が妊娠する可能性も、それほど大幅には減少していませんでした。にもかかわらず、少子化が毎年進行しているとすれば、妊娠の継続を断念した数、すなわち人工妊娠中絶件数が増加していなければ、計算が合わないことになります。

　そこで、[図6]「妊娠（出生＋中絶＋死産）数の年次推移」で検証しました。これを

[図6] 妊娠(出生+中絶+死産)数の年次推移

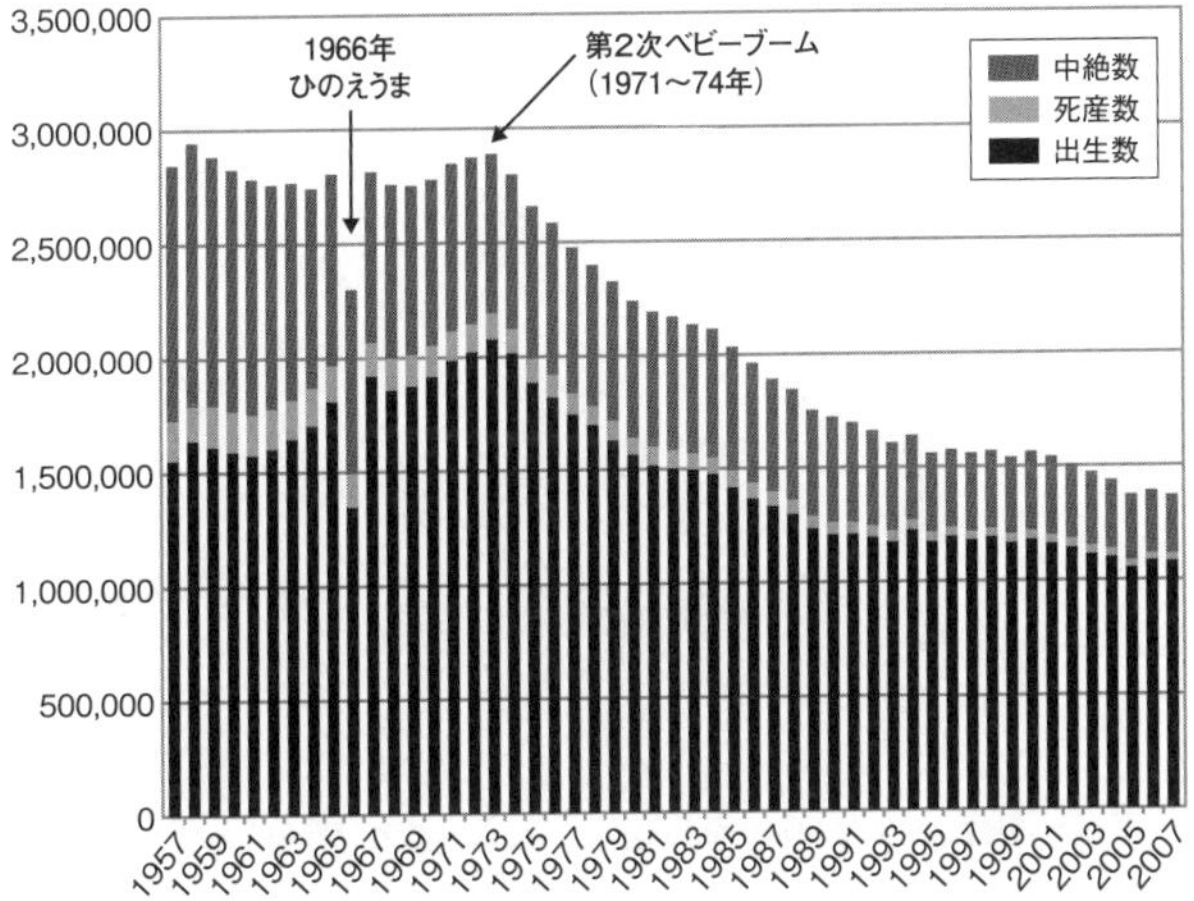

見る限り、人工妊娠中絶数はゆるやかに減少しています。また、人工妊娠中絶数に出生数と死産数をプラスすれば、1年間の妊娠総数が概算できますが（流産数を除く）、この年間妊娠総数においても、第2次ベビーブーム（1971〜74年）以降、減少し続けていることがわかります。

婚姻件数にそれほど大幅な変化はない一方、コンドームの国内出荷数と人工妊娠中絶数が減っているにもかかわらず、少子化が着実に進行している。だとすれば、少子化の要因として考えられる要素は一つしかありません。そう、正解は、④性交頻度が減少している。つまりわが

［図7］若年層（15～29歳）における性感染症の推移

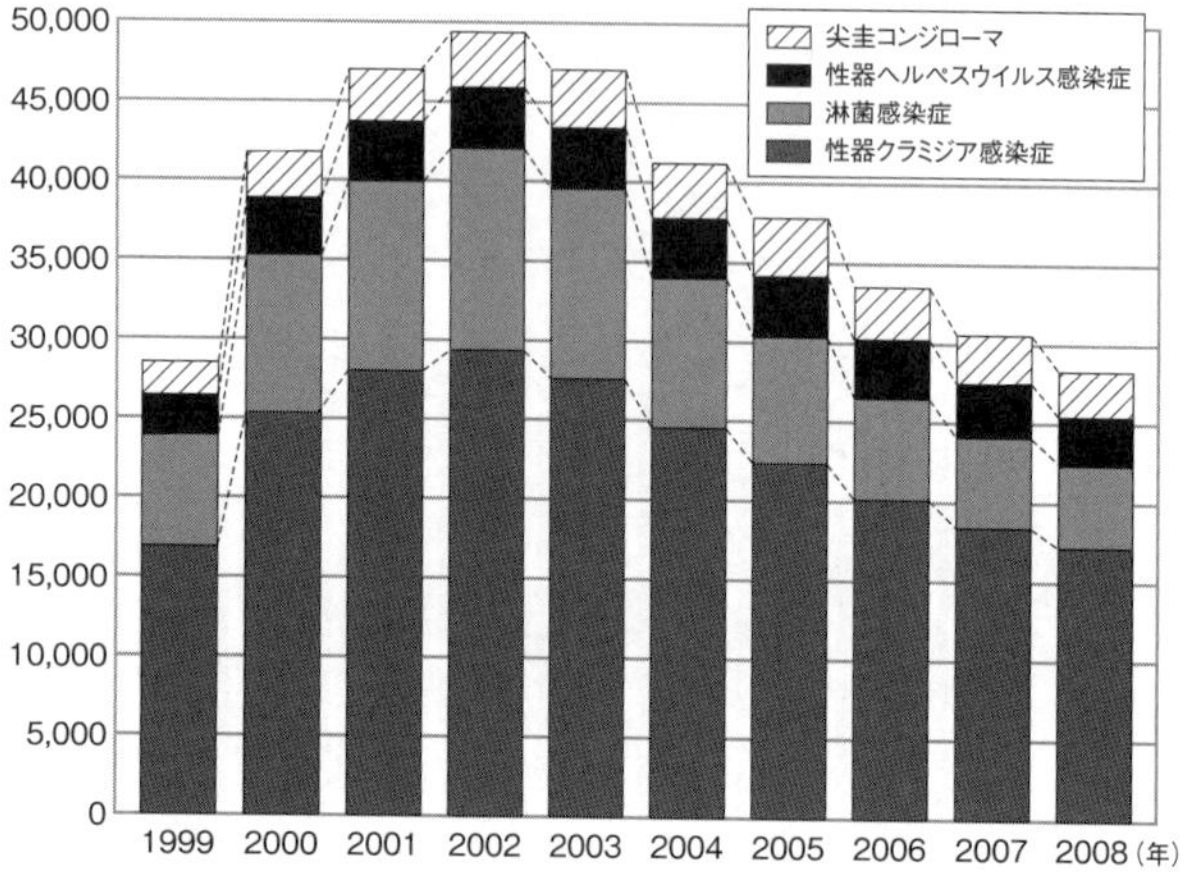

（厚生労働省「感染症発生動向調査」1999年4月～2008年／男女合計）

国では、「セックスレス化」が進んでいるのです。

ちなみに、［図7］「若年層（15～29歳）における性感染症の推移」を見ても、セックス時に感染する様々な疾病の患者数は2002年以降減少しています。

出生数、中絶数、コンドームの出荷数、性感染症患者数のすべてが低下している。これはつまり、日本人がセックスしなくなっているからに他なりません。

本書ではこれまで、「若者のセックス離れ」に注目してきましたが、それが日本人全体の傾向でもあることを考えると、問題の根は予想以上に深いのかもしれません。

第3章

セックスどころじゃない

◆セックスできない社会的な要因とは

セックス嫌いな若者たち。これまで本書では、セックスを面倒だと感じる草食系男子や、自ら「セックスしない」と決めた若者たちを取り上げました。

しかし、現代の若者のなかには、自分から望んだわけでもないのに、セックスと距離を置かざるをえない者たちもいます。リーマン・ショック以降の、出口の見えない不況。「氷河期」ともいわれる極度の就職難。日本の社会全体で非正規雇用が増え、労働環境も悪化しています。若者たちは、日々生きることにいっぱいいっぱいで、「とてもセックスどころじゃない！」との声も聞こえてきます。

先日も、30歳の青年の自虐的なコメントを雑誌で読み、とても暗い気持ちになってしまいました。

「大学を卒業しても就職できなかったので、ずっとフリーターをしています。私には経済力がありません。生活力もありません。子どもができても養っていけないので、セックスなんてできませんね。私はルックスもよくないし、人と話すのが苦手だし、お金もありません。こんな私が女性に相手にされるはずもなく、たぶん、一生童貞で終わると思います。

最近では両親も、結婚しろとは言わなくなりました。両親に孫の顔を見せられないのは残

念ですが、それもまた、人生かと……」（30歳・飲食店アルバイト）

自分からセックスを拒否しているわけではないのに、その機会に恵まれない若者たち。この第3章では、現代の若者がセックスから離れざるをえない、社会的な要因について探ります。

◆結婚できないからセックスはしない

K君は、ある広告代理店に勤務する24歳。雇用形態はアルバイトですが、資料整理からデータ入力まで、営業部のアシスタントとして様々な業務をこなしており、いずれは営業マンとして独り立ちするのが夢だとか。恋人いない歴は2年。最後の彼女とは、K君が大学4年生になった春に別れたそうです。

北村　彼女とはどうして別れることになったの？

K君　ボクは大学3年の秋から就職活動を始めたんですが、なかなかうまくいかなくて、第1志望から第3志望まで全滅。大学4年になっても、まだどの企業からも内定をもらえていませんでした。精神的にかなり落ち込んでいたし、同時にピリピリもしていましたね。

北村　そりゃ、そうなるだろうね。

K君　はっきりいって、彼女と楽しくデートできる気分じゃなかった。それなのに、彼女は毎回お気楽なメールを送ってくるし、1週間会えないくらいでぶつぶつ文句を言うし。それであるとき、ふっと思ったんです。あ、この子とはもうダメだな、って。気分的なギャップというか、ボクの精神状態をまったくわかってくれないことも不満でしたね。

北村　それから2年間、彼女なし。ということは、セックスも2年間ご無沙汰？

K君　そうですね。

北村　22歳から24歳までセックスなしっていうのは、かなりマグマが溜まっちゃってるんじゃないの？　そのあいだ、彼女を作る気はなかったのかな？

K君　ありませんでしたね。結局、大学卒業までに就職先は決まらなかったけど、それなりに就活でもがいていたので。でも、いまも彼女を作る気はありません。自分にとって大事な時期だと思っていますから。

北村　大事な時期、というと？

Ｋ君　現在はまだアルバイトですが、将来的には正社員として営業の仕事に就きたいと思っています。そのために、ひたすら勉強の日々。もし、いま彼女ができて、セックスして妊娠とかさせちゃったら、いまのボクの立場を継続できなくなります。どんな仕事でもいいからとにかく就職して、肉体労働でもなんでもやって、ちゃんと家庭を持たないといけなくなる。そうなりたくはないから、いま彼女はいりません。

◆セックスするにはお金がかかる

Ｋ君はマジメな青年のようですから、いろいろなことをよく考えているのだと思います。

まず、セックスをしたら、相手を妊娠させるかもしれないこと。

避妊の方法には、低用量ピル、コンドーム、ＩＵＤ（子宮内避妊具）、膣外射精、殺精子剤（錠剤）、基礎体温法、オギノ式など各種ありますが、残念ながら１００％確実な避妊法は存在しません。たとえば、避妊しない１回のセックスで妊娠する確率は約８％。コンドームを使っても、途中で外れたり破けたりするおそれもあるので、１回あたりの妊娠率は約３％あります。最も近代的な避妊法といわれるＩＵＤ（１～０・１％）や低用量ピル（０・１％）でも、０％にはなりません。ましてや、膣外射精などという原始的な方法では、避

［表4］あなたが現時点で最も適切と判断する避妊法はどれか

	総数	男性	女性
総数	1,540	671	869
コンドーム	87.1%	90.6%	84.3%
経口避妊薬（ピル）	5.1%	3.9%	6.1%
膣外射精法	1.4%	2.2%	0.8%
基礎体温法	1.2%	0.1%	2.0%
オギノ式避妊法	0.3%	－	0.5%
IUD ／ IUS（子宮内避妊具）	1.0%	0.1%	1.7%
ペッサリー	0.2%	0.1%	0.2%
フィルム状避妊薬	－	－	－
緊急避妊法	－	－	－
この中にはない	1.8%	1.6%	1.8%
無回答	1.9%	1.2%	2.5%

（北村邦夫：「第5回男女の生活と意識に関する調査」2010）

妊効果はほとんど期待できません（実際の効果とは異なり、多くの人の認識は［表4］と同様かと思います）。

このように、たとえ1回でもセックスしたら相手を妊娠させるかもしれないことがわかっているので、K君は恋人作りに踏み切れないのです。また、妊娠させたら結婚しなくてはならないと考えているK君のマジメさも（そう考えることはすばらしいことですが）、彼をセックスから遠ざけているようです。

私は、性の悩み相談にやってくる若者に、常々こう言っています。「みんな、セックスはタダだと思っているけど、実はお金がかかる行為なんだよ」と。

もちろん、売買春などのことを言っているのではありませんし、ラブホテル代のことでもありません。産婦人科医である私が言いたいのは、避妊にかかる費用のこと。お手軽なのはコンドームで、これなら1回あたり100円以下の費用で済みます。でも、効果を考えれば、コンドームだけというのはあまりオススメできません（とはいえ、性感染症予防のために、男性はぜひとも装着する必要がありますが）。

費用対効果を1年間のスパンで考えれば、低用量ピルが最もコストパフォーマンスが高いといえます。女性が12ヵ月飲み続けるとして、年間で2〜3万円程度ですから。

費用対効果を5年間のスパンで考えれば、今度はIUDのほうがコストパフォーマンスは高くなります。5年間使い続けるとして、1年間あたりの費用は7千円程度。

「避妊ってそんなにお金がかかるの？」と驚く若者に、私はこう答えます。「じゃあ、もしも彼女を妊娠させてしまった場合、いくらかかると思うの？」と。人工妊娠中絶の手術を受ける場合、東京なら10〜15万円の費用がかかります。また、低用量ピルやIUDを使用して、万が一副作用が起きた場合の治療費についても、ある程度頭に入れておかなければなりません。

では、中絶をやめて出産するとしたら？　それはもう、莫大な金額がかかりますね。子

［表5］この1年間に避妊した人の、現在の主な避妊法

	総数	男性	女性
総数	740	329	411
コンドーム	85.5%	89.7%	82.2%
膣外射精法	15.9%	12.5%	18.7%
経口避妊薬（ピル）	3.4%	3.3%	3.4%
オギノ式避妊法	3.2%	2.7%	3.6%
基礎体温法	1.4%	0.3%	2.2%
不妊手術（女性）	1.2%	0.6%	1.7%
子宮内避妊具	0.9%	0.3%	1.5%
不妊手術（男性）	0.3%	0.0%	0.5%
洗浄法	0.1%	0.0%	0.2%
殺精子剤	0.1%	0.0%	0.2%
不明	3.1%	3.0%	3.2%

（北村邦夫：「第5回男女の生活と意識に関する調査」2010）

どもを成人するまで育て上げるのに、養育費＋教育関連費で1人あたり2千～3千万円かかるといわれていますから。

つまりセックスとは、それだけのお金が必要となるかもしれない行為なのです。アルバイトという、経済的に不安定な立場のK君がセックスに踏み切れないのも、理由のない話ではありません。むしろ、セックスについてマジメに考えているからこそ、非正規雇用の若者はセックスができなくなってしまうのだともいえるでしょう。

実際にどのような避妊方法が選ばれているかは、［表5］「この1年間に避妊した人の、現在の主な避妊法」からわかります。これを見ると、約9割がコンドームを着けてい

ますが、男性に依存する避妊法に留まってしまっている、ともいえます。

こうした、避妊に関する必要最低限の費用に加えて、若者がセックスするには、ホテル代を含むデート代も必要です。しかし、いまどきのお金のない若者には、それも大きな負担になります。

ひと昔前、いまのオヤジ世代が青年だった頃は、ルックスが多少悪くてもクルマさえあれば、男女交際もそれなりにうまくいきました。かつてクルマは一つのステイタス・シンボルであり、マイカーを持っていれば、女性に対しても大きなアピールポイントになった。そして、彼女を助手席に乗せてドライブできれば、たとえおいしいイタリアンレストランを知らなくても、あるいはホテル代に事欠いても、それだけで二人の仲はぐっと親密になったのです。

ところが、いまどきの若者には、とてもクルマなんて買えません。自分で買えないのはもちろん、この不況下では、親が子どもに中古車を与えることすらできなくなっている。そもそも、クルマは維持費がかかるので、ほとんどの若者がほしがらなくなってしまったのです。[図8]を見てもわかるとおり、20代は他の世代に比べて、「自動車は必要ない」という割合が高くなっています。

［図８］若者のクルマ離れ進む

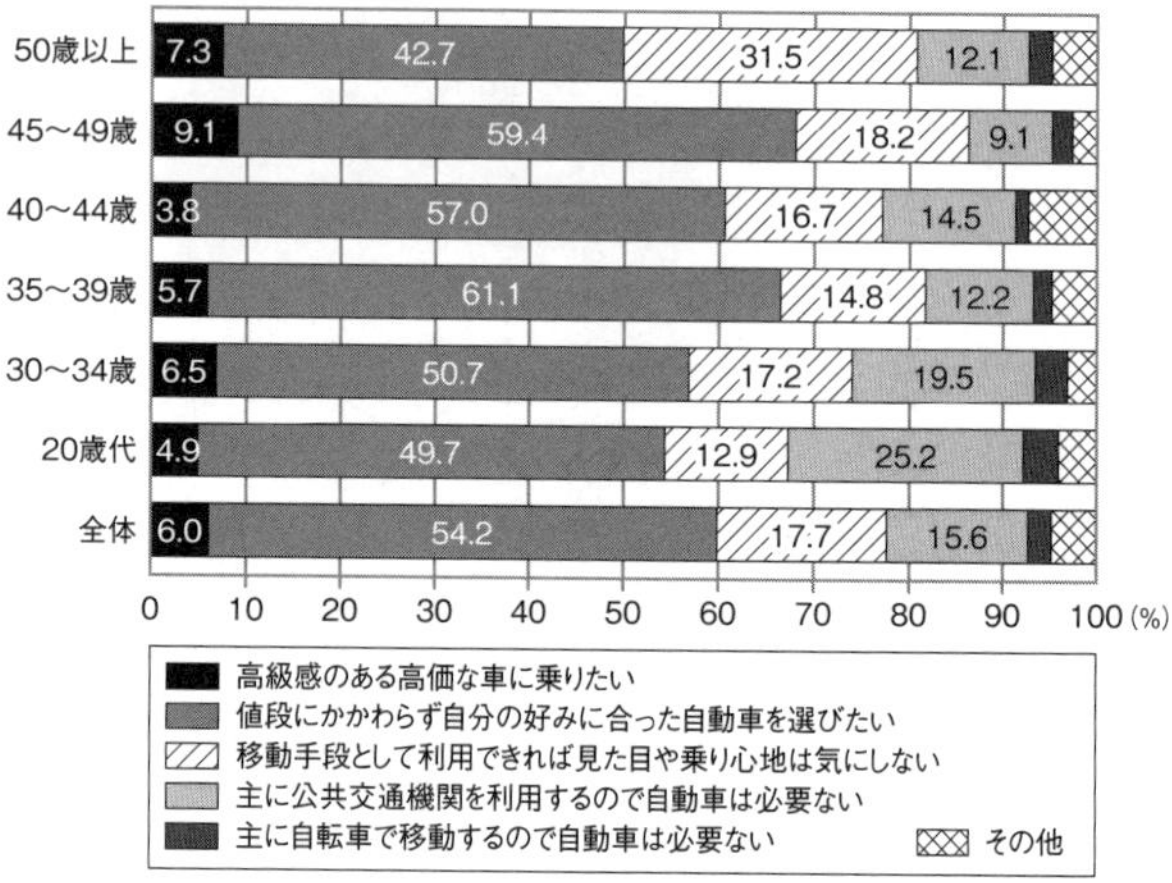

日本自動車販売協会連合会（2009年４月１日）

「クルマ」という大きな武器を失ったおかげで、いまどきの若者は、セックスに至る過程においても、なかなか一歩を踏み出せずにいるようです。

◆仕事で疲れ果てて、その気になれない

日本経済の長引く不況は、働く若者たちの労働環境の悪化にもつながっています。

O君（24歳）は高校卒業後、現在も勤める金属加工会社に就職しました。工場では主に自動車部品の製造ラインを担当し、入社3年目くらいまで、会社の業績も順調に伸びていたそうです。

ところが、２００８年夏のリーマン・

ショック以降、仕事量は一気に激減します。納入先からの発注が大幅に減っただけでなく、金属加工用の材料も入ってこなくなり、工場はほとんど開店休業状態に。その状態が3ヵ月以上続き、毎月の給料も当然のように激減。会社としても、思いきったリストラを実行せざるをえず、それまで20人近くいた派遣スタッフは全員、契約解除。正社員だったO君はなんとか会社に残れましたが、給料が3分の2に減ってしまったために毎月の家賃が払えなくなり、つき合っていた彼女のアパートに転がり込みます。

「会社の業績が好転し始め、給料がリーマン・ショック以前の金額にまで戻ったのは、2009年の春頃からでした。すでに彼女とは、共働きで同棲していたので、家賃を払っても余裕が出てきて、毎月少しずつ貯金も始めました。『この生活を3年くらい続けていければ、そのうち結婚できるかもね』なんて話していたんですが……」

ところが、今度は仕事が忙しくなりすぎて、O君と彼女の関係がおかしなことになってしまったとか。

「仕事量全体は以前の状態まで回復したのに、会社側は、またいつか仕事がなくなるんじゃないかとおそれて、人を増やしてくれないんです。製造ラインの人員を削減したままで、以前と同じ出荷数を維持しようとすると、残ったスタッフに当然負担がかかりますよね。

ほとんど毎日残業で、しかも午後10時にはタイムカードを押さなくてはいけない暗黙のルールがある。10時以降はサービス残業です。

繁忙期には、午前0時前に家に帰れることはほとんどありません。もう、毎日、死にそうなくらい疲れ果てています。彼女はわりとセックスが好きなほうで、向こうから求めてくることも多いんですが、残念ながら、こんな状態ではセックスする気になれません。もう半年くらい、していないかもしれませんね」

O君側の事情でセックスレスになってしまったため、彼女との関係もすっかり冷めきってしまいました。O君としても、不機嫌な彼女と夜を過ごすのが億劫《おっくう》なので、最近ついに彼女のアパートを出て、また一人暮らしを始めたそうです。

「彼女のことはまだ好きですが、もう結婚のことは話さなくなりました。とりあえず、『二人の関係については少し時間を置いて考えてみよう』ということになりましたが、これからオレたち、どうなるんでしょう……」

◆週49時間労働がボーダーライン

実は、「セックスレス」の定義は厳密に決まっています。1994年、日本性科学学会が定めたもので、特定のパートナー同士のカップルを想定して、「特別の事情が認められないにもかかわらず、カップルの合意した性交あるいはセクシュアル・コンタクトが1ヵ月以上ないこと」。半年間ご無沙汰だというO君と彼女のカップルは、おそらくセックスレスに当てはまるでしょう。ちなみにセクシュアル・コンタクトとは、キス、オーラルセックス、ペッティング、裸での同衾《どうきん》(一緒に寝ること)などを指しています。

話を聞いてみると、O君の1週間あたりの労働時間は平均60時間を超えていました。24歳でまだ若いとはいえ、これほど長時間働いていれば、O君がセックスレスになるのも無理はないような気がします。というのも、私たちが2008年に行った「第4回男女の生活と意識に関する調査」で、[図9]のようなデータが明らかになったからです。

「セックスレスと1週間の平均労働時間との関係」を示したこのグラフで「セックスレスである」と「セックスレスでない」を比較してみると、49時間を境に、統計的に有意な差が出ているのがわかります。これは、男性の労働時間が週49時間を超えると、一気に「セックスレスである」のほうに傾くことを示しています。つまり、「仕事で疲れていてもセックスする気になる」と「仕事で疲れていてセックスする気にならない」の境目は、ごく大雑把にいって、週49時間だということ。週休2日制なら一日10時間弱、週休1日制なら

［図9］セックスレスと１週間の平均労働時間との関係（男性）

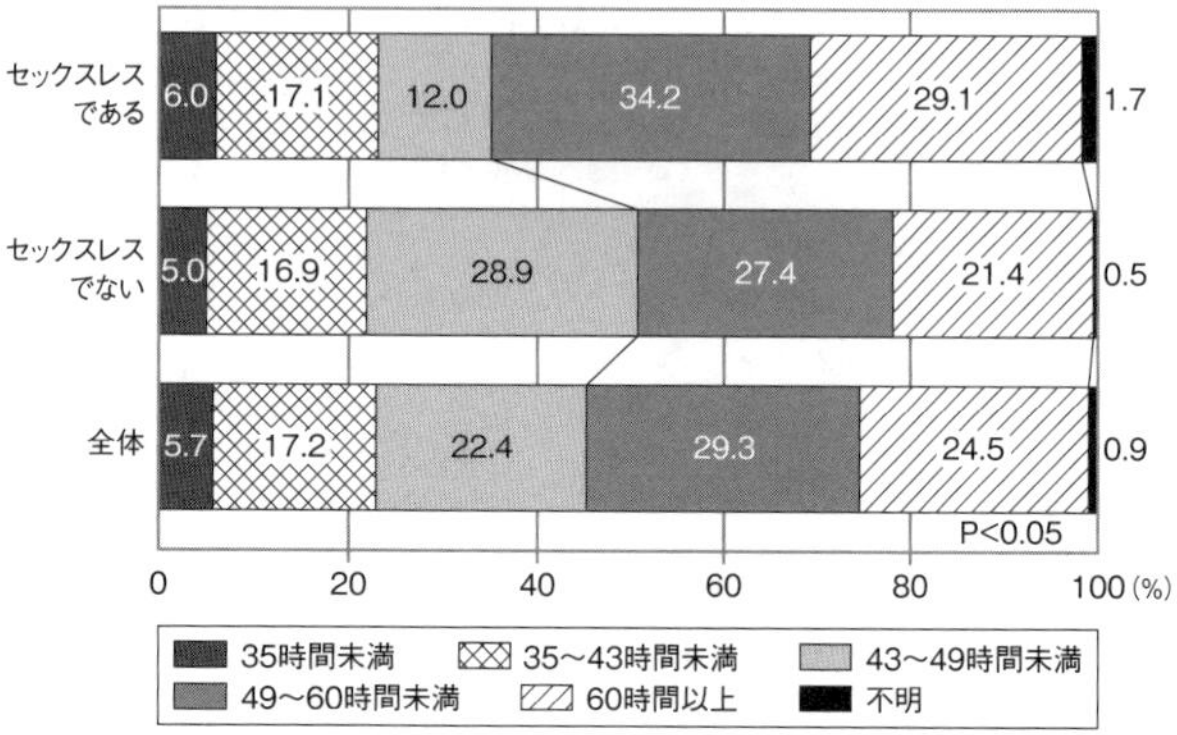

（北村邦夫：「第４回男女の生活と意識に関する調査」2008）

一日8時間強が一つの目安になるわけです。O君の場合、一日あたりの労働時間があと2～3時間短ければ、彼女とセックスレスにならずに済んだのかもしれません。ここ数年、「ワーク・ライフ・バランス」の重要性が日本でも叫ばれています。若者の健全なセックスのためにも、私たちの社会は、このテーマに本気で取り組んでいかなければならないと思います。

◆女性上司の影響でセックスレスに

「労働環境から派生するセックスレス」という点でいえば、次にご紹介するS君のような事例も、ある意味そうなのかもしれません。

中堅広告代理店の営業マンS君（26歳）は、オダギリジョーをひと回り小柄にしたようなイケメン君。そのルックスから、「担当者が女性」であるクライアントを3社任されているとか。

毎日、楽しく仕事をしていたのですが、半年前、30歳の独身女性TさんがS君の所属する営業グループのリーダーに就任してから、S君の憂鬱な日々が始まりました。S君としては、ごく普通にTさんに接しているつもりだったのですが、TさんはS君を何かと目の敵《かたき》にしてくるのだそうです。

北村　その女性の上司から、具体的にはどんなことをされたの？

S君　最初は、ごく軽い注意でした。ボクの作った企画書に、数字のうえで不備があったので。「これから気をつけます」と謝って、その場はそれで済んだんですが。

北村　それから？

S君　明らかに態度が変わったのは、ある飲み会を欠席してからですね。その日は本当に体調が悪くて、Tさんにもきちんと断って帰ったのですが、飲み会に出席した同僚に後で話を聞くと、Tさんはその夜、かなり機嫌が悪かったんだとか。その翌日から、Tさんのボクに対する態度が変わりました。何か仕事のことでTさんに話しかけても、3回に1回は無視するようになったんです。

北村　Tさんは S君に、ちょっとした恋愛感情があったのかもしれないね。

S君　でも、ボクに彼女がいることは知っているはずなんですよ。彼女は1年前まで同じ職場の同僚だったし、飲み会の席でも、ボクの彼女の話が出ていたみたいですから。

北村　まあ、相手に彼女がいても、まったく気にしない女性もいるからね。それで、その後Tさんとはどうなったの？

S君　嫌がらせはエスカレートする一方ですよ。連休前になっていきなり、休み明けまでに資料を作っておけと命令されたり、休みの日に、前日の勤務態度のことで怒りの電話をかけてきたり。経費の精算を1ヵ月遅らされたこともあります。あるときは、どうしても得意先に同行したいというので連れていったら、クライアントの前で思いきり罵倒されました。もう、ノイローゼになりそうです。

北村　典型的なパワハラだね。Tさんよりもさらに上の人に相談してみたら？

S君　いま、部長に相談しています。でも、Tさんは会社の得意先の遠縁にあたる人らしくて、あまり強く言えないみたいで……。

北村　彼女とはうまくいってるの？　ボクとしてはそっちが心配なんだけど。

S君　実は、あまりうまくいってないんです。Tさんにパワハラを受け始めた頃から、なぜだかわからないんですけど彼女とセックスできなくなってしまって。自分では、EDではないと思うんですが……。

◆女性が強くなった分、男性のセックスは弱くなった？

女性の目覚ましい社会進出にともない、「女性の上司と男性の部下」という構図がいまやあちこちの会社で見られるようになりました。厚生労働省の「賃金構造基本統計調査」によれば、２００９年の時点で、民間企業の部長相当職に占める女性の割合は４・９％。また、課長相当職の7・2％、係長相当職の13・8％を女性が占めているのだそうです［図10］。この数値は毎年少しずつ増加しており、かつて内閣府男女共同参画会議の委員を務めたことのある私としても、大変喜ばしい状況だと思っています。

しかし、その一方で、先のS君のような「女性上司と男性部下」の歪んだ関係も、ときに見られるようになりました。もちろん、パワーハラスメントは「男性上司と男性部下」のあいだでも見られるのですが、「女性上司と男性部下」のあいだでそれが起こると、S君のように、ストレスによってセックスレスに発展するケースも少なくないようです。つ

[図10] 役職別管理職に占める女性割合の推移

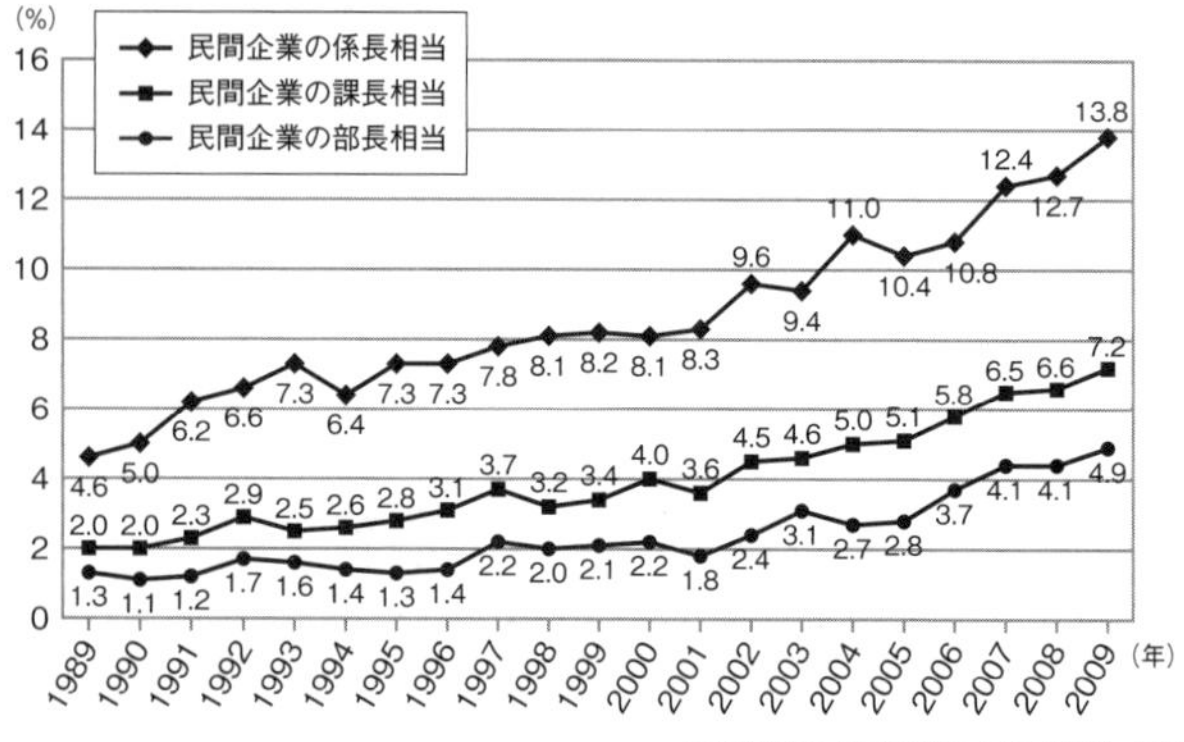

（厚生労働省「賃金構造基本統計調査」より）

まり、女性に対する過度の恐怖心や不快感が、男性としての機能に微妙な影響を与えるものと思われます。

[図11]は、22~39歳の働く男性約2700人を対象に、2011年1月にメディアインタラクティブが行ったアンケートの調査結果です。これによると、「女性の上司や先輩に不快な思いをさせられた」男性は、全体の25・5%。4人に1人は、女性の上司や先輩に嫌な思いをさせられているようです。その内訳は、「適切でない表現で指示・指導を受けた（人格否定・差別発言・怒鳴るなど）」が31・0%。「男のくせに」「女の腐ったような」など、「男性であることを理由に不快なことを言われた」が26・6%。「容姿・年齢・私生活などを話題にされたり、結婚

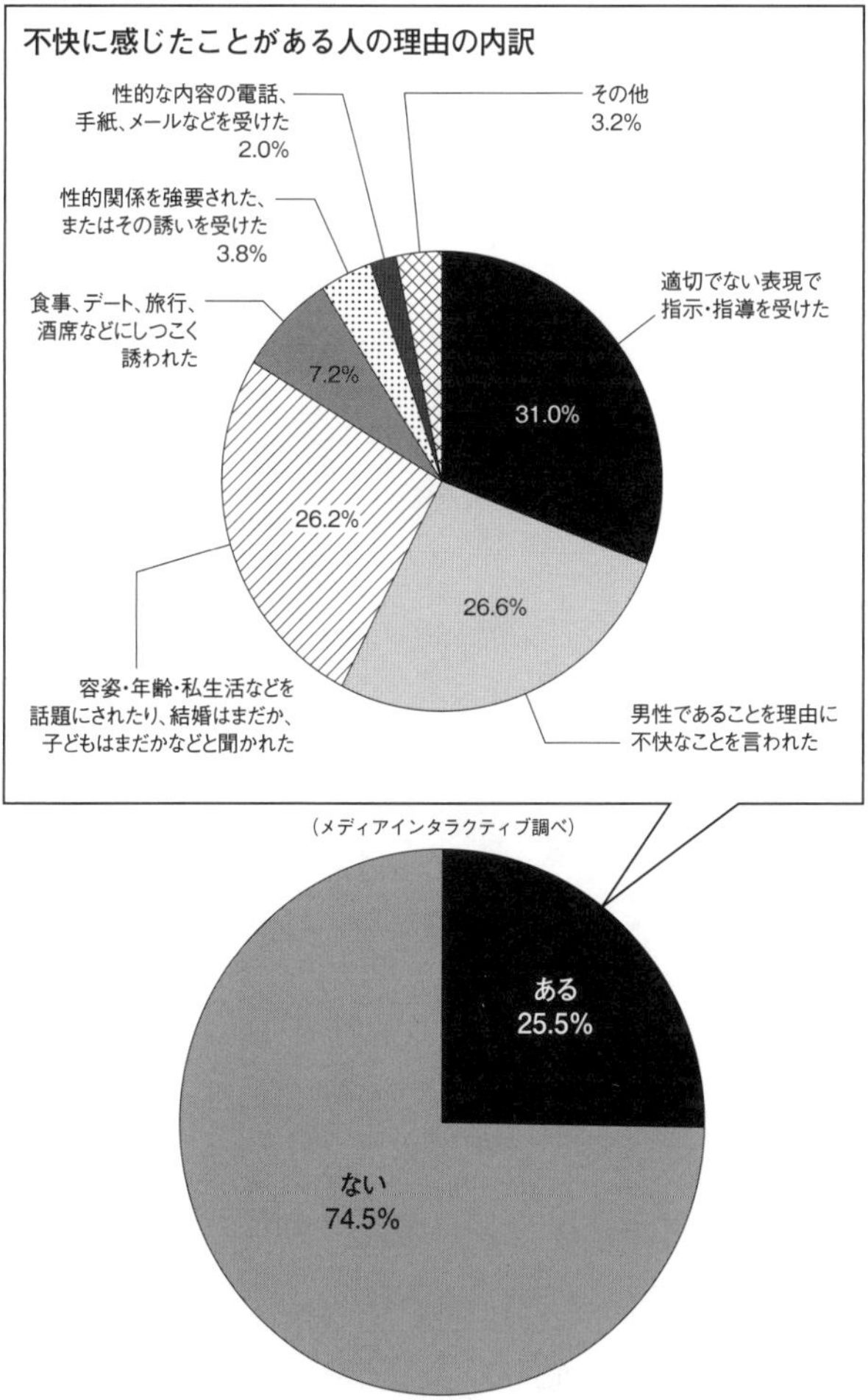

[図11] 女性の上司や先輩に不快な思いをさせられた

はまだか、子どもはまだかなどと聞かれた」が26・2％。なかには、「食事、デート、旅行、酒席などにしつこく誘われた」（7・2％）、「性的関係を強要された、またはその誘いを受けた」（3・8％）、「性的な内容の電話、手紙、メールなどを受けた」（2・0％）など、明らかにセクハラといえる事例も報告されました。

ともあれ、私たちの社会で女性が強くなった分だけ、相対的に、男性と、そのセックスが弱くなっている可能性も否定できないのではないでしょうか。

女がときには男を管理する。そういう男女関係が当たり前になり始めている社会のなかで、セックスにおける男女関係にも、微妙なブレが出てきているのかもしれません。たとえば、これまでのセックスは「男性主導」という形で行われるのが普通でした。ところがカップルによっては、ビジネス社会の力関係をそのまま反映して、女性が「主導権を握りたい」と考えるケースもすでに出てきているのです。

◆もっと楽しいことがあるから

本章の最後に、これもまた「セックスどころじゃない」という、私が最近知り合った、ある若者の例を紹介します。

Ｉ君は２０１１年春に映像系の専門学校を卒業した22歳。３年前、ある４年制大学の文学部に入学したものの、好きな映画の世界で活躍することを夢見て、専門学校に入学し直した熱い男です。その卒業制作で撮った短編映画が、一部で高く評価されたため、いま業界では、期待の新人の一人に数えられているんだとか。ひょっとすると近い将来、映画監督としてメジャーデビューできる日が来るかもしれない、ということです。

彼と知り合ったのは３ヵ月ほど前。あるテレビプロデューサーに、「面白い若者がいるから会ってみませんか」と紹介され、少しだけ映画の話をしました。いま、Ｉ君の頭のなかには、自分で撮ってみたい様々な映画の企画が渦巻いているんだとか。

Ｉ君　そのために、いまは毎日いろいろな人に会って、人脈を広げることに専念しています。実はこれから2年以内に、あるミニシアターで作品を上映させてもらうことが決まったんですよ。ミニシアターのオーナーが、ボクの企画を気に入ってくれたので。問題は、その製作費です。最低でも、１０００万円単位の予算が必要になる。そこで、いまは資金集めに奔走しています

北村　ずいぶん精力的に活動しているんだね。そんな男としては、どうなの？　セックス

のほうは？

Ｉ君　もう半年以上、誰ともやっていません。

北村　確か、彼女がいたんだよね？

Ｉ君　別れました。考えてみると、いままで3人の女性とつき合いましたが、セックスはいつも受け身でしたね。ボク自身、あまりセックスが好きじゃないみたいで。

北村　でも、若いんだから、性欲はあるでしょう？

Ｉ君　ボクの場合、性欲というより排泄欲かな。溜まったら出すという感じで。それなら、オナニーで充分。正直、セックスより楽しいことは世の中にたくさんあるから。

北村　その最たるものが映画だ、と。

Ｉ君　そうです。女性とセックスしているヒマがあったら、一本でも多くの映画を見たいし、一人でも多くの人と会いたい。資金を出してくれそうな人や、一緒に作品を作ってくれそうな人と。セックスは時間のムダ、とまでは言いたくありませんけど。

北村　そうなんだ。Ｉ君の身の回りにいる映画関係の人も、やっぱりみんなセックスより映画が好きなのかな？

Ｉ君　それはわかりません。セックスの話はあまりしたことないから。でも、みんな「3

[表6] この1ヵ月間セックスをしていない男性の、セックスに対して積極的になれない理由

	全体	20歳未満	20～24歳	25～29歳	30～34歳	35～39歳	40～44歳	45～49歳
合計	254	12	22	26	41	56	47	50
相手がいない	39.8%	41.7%	54.5%	80.8%	41.5%	25.0%	34.0%	32.0%
仕事で疲れている	12.6%	0.0%	9.1%	3.8%	12.2%	14.3%	19.1%	14.0%
出産後なんとなく	9.1%	0.0%	0.0%	3.8%	9.8%	16.1%	14.9%	4.0%
面倒くさい	8.7%	8.3%	4.5%	0.0%	9.8%	12.5%	4.3%	14.0%
セックスより楽しいことがある	4.3%	8.3%	4.5%	0.0%	4.9%	3.6%	2.1%	8.0%
勃起障害に対する不安があるから	2.4%	0.0%	0.0%	3.8%	2.4%	1.8%	4.3%	2.0%
家族（肉親）のように思えるから	1.6%	0.0%	4.5%	0.0%	2.4%	0.0%	2.1%	2.0%
妊娠することへの不安が強い	1.2%	0.0%	0.0%	0.0%	0.0%	1.8%	2.1%	2.0%
相手の一方的なセックスに不満がある	1.2%	0.0%	0.0%	0.0%	0.0%	0.0%	4.3%	2.0%
家が狭い	1.2%	0.0%	0.0%	0.0%	0.0%	0.0%	0.0%	6.0%
セックスに際して痛みがある	0.0%	0.0%	0.0%	0.0%	0.0%	0.0%	0.0%	0.0%
その他	16.5%	41.7%	18.2%	7.7%	14.6%	25.0%	10.6%	12.0%
不明	1.6%	0.0%	4.5%	0.0%	2.4%	0.0%	2.1%	2.0%

（北村邦夫：「第5回男女の生活と意識に関する調査」2010）

度の飯より映画が好き」とは言ってますけどね。

若者たちの趣味や価値観は多様化している。そんな話はかなり前から聞こえてきていましたが、実際の話、セックス以上にのめり込めるものを持っている人が増えているようです。I君の場合、映画製作は趣味を超えて、仕事や夢といえるのかもしれませんが。

そこで、[表6]をご覧ください。これも「第5回男女の生活と意識に関する調査」の一部ですが、この1ヵ月間セックスをしていない男性に「セックスに対して積極的になれない理由」を聞いたとこ

ろ、「セックスより楽しいことがある」と答えた人が全体の4・3％いました。20歳未満は8・3％、20〜24歳は4・5％と、若者は、男性全体の平均より数値が高くなっている点が興味深いですね。若者のほうが、セックスより趣味を重視する傾向が強いといえそうです。

私たちオヤジ世代からすれば、この年代の男性にとって、セックスより楽しいことなんてあるわけがないと思えてしまうんですが……。音楽やゲーム、インターネットなど、いまはそれだけ若者向けの娯楽も多様化しているということなのでしょう。その分、セックスに向かう関心が薄れているのだとすれば、わが国の社会におけるエンターテインメントの多様化も、実は若者のセックス離れに関連しているといえそうです。

第4章

二極化する若者の性

◆ヤッてる人とヤッてない人

本書ではこれまで、若い男性のセックス離れについて論じてきました。とはいえ、すべての若者がセックスと縁遠くなっているわけではありません。たとえば、私たちが行った「第5回男女の生活と意識に関する調査」でも、[表7]のような興味深いデータが得られました。

「この1年間で、何人の異性とセックスしたか」を聞いたこのデータによると、性交経験を持つ20歳未満の男性のうち、過去1年間に2人とセックスした人は26・7%いました。20〜24歳では、2人とセックスした人が9・8%、3人とセックスした人が4・9%。さらに25〜29歳まで年齢層を広げると、4人とセックスした人が5・3%、20〜49人とセックスした人が2・1%もいることがわかります。つまり、若者のあいだでいかにセックス離れが進んでいるとはいえ、ヤッてる人はそれなりに盛んにヤッているわけです。数は少ないのですが。

若者の性行動はいま、二極化しています。恋人以外にもセックスフレンドがいるようなすごく「ヤリチン」な男性がごく少数存在する一方で、頑《かたく》なまでにセックスを拒否する人もいる。セックスする人はバンバンするし、しない人はまったくしない。両極端です。

[表7] この1年間で、何人の異性とセックスしたか（性交経験を有する男性）

	総数	1人	2人	3人	4人	5〜9人	10〜19人	20〜49人	50〜99人	100人以上	この1年間はセックスをしなかった	無回答
総数	565	60.7%	7.8%	3.4%	1.9%	2.8%	0.9%	0.9%	0.0%	0.2%	18.8%	2.7%
20歳未満	15	53.3%	26.7%	0.0%	0.0%	0.0%	0.0%	0.0%	0.0%	0.0%	20.0%	0.0%
20〜24歳	41	61.0%	9.8%	4.9%	0.0%	0.0%	0.0%	0.0%	0.0%	0.0%	22.0%	2.4%
25〜29歳	94	61.7%	10.6%	7.4%	5.3%	2.1%	1.1%	2.1%	0.0%	0.0%	8.5%	1.1%
30〜34歳	91	63.7%	8.8%	3.3%	1.1%	3.3%	1.1%	2.2%	0.0%	1.1%	15.4%	0.0%
35〜39歳	126	64.3%	7.1%	2.4%	1.6%	2.4%	1.6%	0.0%	0.0%	0.0%	16.7%	4.0%
40〜44歳	95	55.8%	7.4%	2.1%	0.0%	3.2%	1.1%	0.0%	0.0%	0.0%	26.3%	4.2%
45〜49歳	103	58.3%	1.9%	1.9%	2.9%	4.9%	0.0%	1.0%	0.0%	0.0%	25.2%	3.9%

（北村邦夫：「第5回男女の生活と意識に関する調査」2010）

「全」か「無」か、あるいは「1」か「0」か。セックスに対する行動まで、いまどきの若者はデジタルなんでしょうか。

◆毎週3人の女性とセックス

O君は食品メーカーに勤務する25歳。大学入学時に2浪したため、現在、入社2年目。営業マンとして、担当地域のスーパー、コンビニ、酒屋さんにほぼ毎日顔を出し、週末も2週に一度は接待ゴルフ、という働き者です。

そんなO君が最近心配しているのは、自分の性欲が人より強すぎるのではないかということ。大学時代からつき合っている恋人のS美さん、就職後に合コンで知り合った同じく恋人のY子さん（つまり二股をかけています）、さらには出会い系で知り合った10歳も年上のセックスフレンドK代さん。この3人の女性とそれぞれ週に一度はデートしており、デートすれば必ずセックスするんだとか。ときには、一人の女性と週に2回会うこともあります。いくらまだ25歳とはいえ、最近では「体力的にキツい」と感じることもしばしば。それでも根っから好きなのか、セックスするのをやめられないそうです。

北村　O君はものすごく働き者だよね。労働時間は週にどれくらい？

O君　平日は一日12時間として、週60時間くらいですね。接待ゴルフも計算に入れれば、65〜66時間になるでしょうか。

北村　そんなに？　決まったパートナーがいる男性の場合、労働時間が週49時間を超えるとセックスレスになる、という僕のデータがあるんだけど、O君には当てはまらないみたいだね。そうすると、セックスは週に最低でも3回くらい？

O君　いや、週3回のデートで、セックスの回数は6〜7回ですね。週4回デートするときは、10回くらい。

北村　それは明らかに回数が多いね。翌日、仕事にならないでしょう？

O君　確かに、キツいことはキツいですね。栄養ドリンクを飲んだりして、なんとかしのいでいますが。

北村　デート代もバカにならないんじゃないの？

O君　そっちのほうは、なんとかなっています。大学時代からの彼女は一人暮らしなので、会うのはたいてい彼女の部屋だし。10コ年上の彼女は、デート代を全額出してくれますから。

北村　なるほど。二股かけているという道義的な部分はともかく、性欲が強いこと自体、悪いことではないけどね。自分の健康管理のためにも、セックスは少し控えたほうがいいかもしれない。3人の女性と、毎週必ず会わなきゃいけないの？　あるいは、日中だけのデートで切り上げるとか。

O君　そうか、問題はやはり、セックスのほうだったんですね？

北村　え、どういうこと？

O君　いつもこんなに疲れているのは、ひょっとして毎日のオナニーが原因なのかも、と思っていたんですが。

北村　……………（絶句）。

週に3人の女性とセックスして、毎日のマスターベーションも忘れない。いやあ、O君の絶倫ぶりには、私もビックリです。本書では、これまでセックスに淡白な若者ばかり取り上げてきたので、かなり異色な存在に思えますね。もっとも私の若い頃は、どちらかといえばO君のような若者のほうが多数派だった気もしますが。

なお、O君が自分の性生活について他人に話したのは、今回が初めてだったそうです。最近の若者は、男友だちにもこの手の話はしないようですね。私がまだ紅顔の美少年だった頃は、「こんなふうにすると女性は気持ちいいらしい」とか、友だちといろいろ情報交換したものですが。その代わりに、いまの若者たちは、アダルトビデオやインターネットで性に関する知識を仕入れている。O君の場合も、セックスのテクニック的な部分は、「アダルトビデオを見て覚えたものが多い」と話していました。

◆彼女の「潮吹き」を見るために

先日、私のクリニックに22歳の女子大生が受診に来ました。色白の、ごくおとなしそうな女性でしたが、「アソコがとても痛いので見てほしい」とのこと。

診察してみて、驚きました。彼女の膣の内壁はズタズタといってもいいほど、激しく傷ついていたからです。診断名は「膣壁裂傷《ちつへきれっしょう》」。

私の「どうしたの？」の問いに、彼女は「彼氏とエッチしていて……」としか答えてくれません。どうしても、詳しい事情を話したがらないのです。しかし私には、おおよその察しがついていました。これはもう間違いなく、加藤鷹の影響だ、と。

ＡＶ男優の加藤鷹さんとは、実はもう10年近くのつき合い。２００２年から２００５年まで、ＣＳ放送「ＬａＬａＴＶ」の『パーフェクト♡Ｈ』という番組で共演してから、友人として仲よくさせてもらっています。

彼がアダルトビデオの世界で一躍有名になったのは、「ゴールドフィンガー」といわれる指先のテクニックで、女性に「潮吹き」を起こさせたから。「Ｇスポット」という言葉も、女性の「潮吹き」に関連して広く知られるようになりました。そして加藤鷹以降のアダルトビデオでは、潮吹きはいまやごく当たり前のシーンになっています。

私が診察した女子大生の彼氏も、加藤鷹らのアダルトビデオに感化されて、彼女に潮を吹かせようとしたんでしょうね。人さし指と中指（あるいは中指と薬指）で、Ｇスポット探しというか、彼女の膣に激しい「指ピストン」を加えたのではないでしょうか。その結果、人さし指と中指の爪で、膣壁を傷つけてしまったに違いありません。

そもそも、自分の彼女に「指ピストン」をしようなどという男は、彼女を傷つけないよう、爪をきちんと手入れしておかなくてはいけませんね。その点、加藤鷹さんはさすがはプロフェッショナルです。爪を何度も見せてもらいましたが、シャツのボタンを自分で外せないほど、ものすごい深爪。しかも、いつもヤスリを持ち歩いていて、ヒマさえあれば爪を磨いている。ＡＶ男優というのは、あそこまでやらないといけないんですね。

ちなみに「Ｇスポット」は、ドイツの産婦人科医アーネスト・グレーフェンベルグとロバート・Ｌ・ディキンソンの共同研究から発見されました。１９４４年に発見され、論文にまとめられたのが１９５０年。その当時、女性のセックスについて公言するのはなかばタブーだったので、この論文が話題を呼ぶこともありませんでした。ところが、かなり後の時代になって、女性の性が解放されると、女性の性感帯の一つとしてにわかに注目されるようになったとか。その際、誰かが発見者グレーフェンベルグの頭文字を取って、「Ｇスポット」と名付けたのだといわれています。そのため、厳密にいえば、「Ｇスポット」は医学用語ではありません。医学的にいえば、スキーン腺という内分泌腺の一種。スキーン腺は尿道を取り囲むようにあって、血管や尿道に付随する網状組織です。男性の前立腺《ぜんりつせん》に相当する器官ともいわれ、だからこそ、刺激されると快感が得られるのでしょう。

「Gスポット」の定義は、「膣前壁の尿道の内側表面づたいにある、性欲を喚起する場所」。位置的には、膣の入口から2~5㎝奥の腹側になります。ちょうど指を第二関節まで入れたあたりですね。大きさでいえば、アメリカのクォーターコイン（25セント硬貨）くらい。直径2㎝強でしょうか。そしてその部位を刺激すると、潮を吹くこともあるのがわかっています。潮吹きは医学的に「Female ejaculation」すなわち「女性の射精」ともいわれていて、オシッコとは明確に区別されていますね。

このGスポットの存在を自分で感じ取ることができる女性は、あるデータによれば、全体の6割程度。もちろん、その全員が潮を吹くわけではありません。でもアダルトビデオに感化された男は、すっかりその気になってしまい、ときに乱暴に、このGスポット探しをやってしまう。まったく男ってヤツは、しょうがない生き物ですね。

◆アダルトビデオに感化される若者たち

こういう「困った男たち」に関する情報は、私のクリニックに数多く寄せられています。

これまでに何度も訪れている、まだ10代のEちゃんは、「彼氏が変な体位でやりたがるから困っちゃう」とボヤいていました。行為の途中、片足だけ高く上げさせられたり、デングリ返しの状態で上から押さえつけられたり。首筋を寝違えたり、足がつってしまったことも一度や二度ではありません。

「たぶん彼氏は、アダルトビデオで見たまんまをやりたいんだと思う。でも、私は体がチョー硬いから、いろんな体勢を取るのは無理なんですよね。ときどき、筋肉や関節が痛くて、セックスどころじゃないこともある。できれば変な体位はやめてほしいんだけど、それを言うと彼氏に嫌われそうだし、本当に困ってるんです」

また、一部の男性のあいだでは、「クリトリス信仰」というか、とにかくクリトリスさえ刺激し続ければ女をイカせられる、という誤った考え方も広まっているようです。

確かにクリトリスは、女性器で最も敏感な部分。発生学的にいえば、男性のペニスに相当します。私も産婦人科医になったとたん、「クリトリスは診察時に触ってはいけない」と徹底的に教え込まれました。しかし、だからといって、クリトリスだけ執拗に刺激し続けても、女性が必ずオーガズムに達するわけではありません。むしろ刺激し続けると、痛みに変わる場合も多い。実際、私がこれまでに診察した女性のなかにも、クリトリスの周囲が傷ついて出血しているケースがいくつも見られました。

男は基本的に単純な生き物ですから、アダルトビデオで見たことをそのまま信じてしまうのかもしれません。ああいうふうにすれば、彼女を気持ちよくさせられるんだ、と。そうして、彼女にアクロバティックな体位を取らせたり、Ｇスポットを探して膣壁をこすり続けたり、クリトリスをいじりまわしたり。実はその結果として、セックス嫌いになってしまう女性が多いことに、男たちは気づいていません。体のいちばん敏感な部分を出血するまでいじられた女性が何を思うか、考えればば容易にわかりそうなものですが……。

また、アダルトビデオのとおりにいかないことに、逆にショックを受けてしまう男性もいるようですね。「どうしてオレはうまくできないんだろう？」と、自信を喪失してしまう。あるいは、そのものズバリの裏ビデオを見て、はるかに大きい男優のペニスと自分のペニスを見比べて、コンプレックスを抱いてしまったり……。

私は、娯楽としてのアダルトビデオを否定するものではありません。性欲の衰えたカップルが刺激を得るために一緒に見るのもいいだろうし、マスターベーションのオカズにするのもいいでしょう。しかし、アダルトビデオで描かれている内容のすべてが真実だと勘違いするのは愚かなことです。あくまでもフィクションであり、なんらかの演出が加えられている映像なのですから。私たちオヤジ世代は、自分の経験と照らし合わせながらアダルトビデオを見るので、フィクションとして楽しむことができる。

しかし、いまの若い人たちはそうではありません。科学的な性の学習がきちんとなされる前に、つまり、何が正しくて何が正しくないか判断できるようになる以前に、インターネットなどできわめて露骨な映像を先に見てしまう。そして、イクとかイカないとか、勃《た》つとか勃たないとか、そういうところにばかり注目するようになってしまう。まるで強迫観念にとらわれているかのように……。これは若者たちにとって、とても不幸なことではないでしょうか。この点については、後の章で詳しく述べたいと思います。

◆純愛だから、セックスしない

ここまでお伝えしたように、若者のセックス離れが叫ばれるこの時代にも、活発にセックスしている若者たちがいます。彼らは、インターネットやアダルトビデオでセックスにまつわる情報を盛んに収集しては、自らのセックスライフに活用しているようです。それが好ましいことかどうかは別にして。

そういった、セックスをエンジョイしている若者たちの対極に位置しているのが、「純愛」志向の若者たち。セックス離れしているという点では、これまで本書で取り上げてきた草食系男子などと変わらないのですが、精神的な愛情を何よりも重視するところが特徴的です。

E子さん(フリーター・23歳)が1年ほど交際した2歳年上の男性も、後から考えれば、「純愛」を理由にセックスを拒否するタイプの若者でした。

北村　二人はどんなきっかけで交際を始めたの？

E子　同じバイト先で知り合って、彼のほうから告白してくれたんです。「好きです、つき合ってください」って。とびきりのイケメン、ってわけではありませんでしたが、私がいままでつき合ってきた男性のなかで、いちばんかっこよかった。性格もやさしそうだったし、告白されたときは本当に嬉しかったですね。

北村　それで、デートはどのくらいのペースで？

E子　週に1回のペースでしたね。つき合い始めてからは、バイト先で顔を合わせるのが照れくさかったので、あえて別の時間帯に入るようにしていて。メールは毎日、何通もくれました。

北村　主にどんなデートをしたの？

E子　映画を見ることが多かったですね。あとは遊園地とか、プラネタリウムとか、美術館とか、水族館とか。どこかに行った帰りに食事して、暖かい季節だったら、そのあと公園で散歩したり。同じ日にバイトの休みを取って、午前中から会うことが多かったです。

北村　それで、1年間つき合っても、体の関係はなかったんだね？

E子　そうなんです。セックスはもちろん、私の体に触れることもなかった。キスするときも、唇を軽く付ける程度。ある日、たまたま夜まで一緒だったので、「私としたくないの？」と聞いてみました。だって、その時点でもう1年近くつき合っているのに、体の関係がないのはおかしいと思っていたから。すると彼は「結婚するまで、そういうことはしたくない」って。別に体が悪いとか、そういうことじゃないんです。「ボクはマスターベーションでガマンできるから、お互いにきれいな体でいよう」と。

北村　彼は何か特別な宗教に帰依《きえ》していたのかな？

E子　違うと思います。そんな話は一度も聞いたことないから。いまだに『セカチュー』や『いまあい』を愛読していて、単に「純愛」に憧れてただけだと思う。

北村　最後はどうして別れたの？

E子　私のほうからセックスを迫ったら、「そんな、ふしだらな人だとは思わなかった」と言われて。逃げられちゃいました。そのまま彼はバイトも辞めちゃったし、いきなり連絡がつかなくなってしまったんです。

◆純愛ブームとはなんだったか

「純愛ブーム」という言葉をよく耳にするようになったのは、２００２年頃だったでしょうか。２００１年４月に発行された恋愛小説『世界の中心で、愛をさけぶ』（片山恭一著）がじわじわと話題になり、やがて映画化、テレビドラマ化、漫画化というメディアミックスも当たって大ヒット。「セカチュー」は流行語にもなり、最終的には３００万部を超える大ベストセラーになりました。

同じ純愛路線の小説『いま、会いにゆきます』（市川拓司著）が刊行されたのは、２００３年２月。こちらも同じく、映画化、テレビドラマ化、漫画化を経て大ヒットしました。先ほど紹介したE子さんのコメントにも、「セカチュー」と並んで「いまあい」が出てきていましたね。

同じ2003年の4月から、NHK BSで放映されたのが、韓国ドラマ『冬のソナタ』。この「冬ソナ」をきっかけに、わが国における純愛ブームはさらに加速し、以後「韓流ドラマ」と「韓流スター」がわが国の多くの女性の人気を獲得することになります。

これらの恋愛小説、恋愛ドラマに共通しているのは、主人公である男女の、ひたむきで、けなげで、まっすぐな愛がどこまでも貫かれていること。通常の男女関係にありがちな、ドロドロとした肉欲などは微塵《みじん》も感じさせず、真実の愛が崇高なまでに美しく描かれています。現実にはありえないほどの清らかさなのですが、現実にはありえないからこそ、ロマンティシズムを求める多くの人の心をとらえたんですね。

実はつい先日、『いま、会いにゆきます』の著者・市川拓司さんと、テレビの恋愛トーク番組の収録でお会いしました。実際にお話しするのは初めてでしたが、彼はいまでも本当に、心の部分を大事にしているみたいですね。一人のグラマラスなフリーアナウンサーを巡って、他の出演者が「結局ヤラれっぱなしじゃないか」みたいなコメントを発する場面があったのですが、「自分はこんな議論の場にいたくない」と言うんです。ヤルとかヤラれるとか、性欲を満たすとか満たさないとか、そんなことは恋愛には重要ではない、と。愛するということは、1秒でも2秒でも長く相手と一緒にいたいと思うこと。そしてセックスは、まさに命を懸ける行為である……。一瞬、その場の空気がシラケたのは事実ですが、日頃私たちはセックスとか肉欲にとらわれすぎているのかも、とも思いましたね。そして、そういう理想的な恋愛というか、恋愛至上主義みたいなものに、一部の若者が心惹かれるのもなんとなくわかる気がしたのです。純愛には、セックスとはまた違った陶酔の形が存在しますから。くしくも純愛ブームは、若者たちの草食化が騒がれ始めた時期と、ぴったり重なっています。

◆若者の「純愛」をもう一度考える

本章の最後に、最近純愛志向を卒業したという23歳のフリーターJ君に登場してもらいましょう。

J君は、いまの彼女と知り合うまで、純愛こそが恋愛の王道だと思っていたとか。J君にとっての「純愛」とは、「セックスしないプラトニックな恋愛」のこと。ちなみに、彼はつい数ヵ月前まで童貞でした。

北村　J君が「純愛」を重視するようになったのはなぜだろう?

J君　正直にいうと、インターネットでエロサイトを見まくったせいだと思います。いまは誰でも簡単に、無修正の動画とか見られますから。

北村　カリビアンコム、とかね。でも、無修正動画がなぜ純愛に結びつくんだろう。

J君　女性のアソコとか、おじさんとのセックスとか、これでもかって感じで見せられると、もう、うんざりというか、見ていて気持ち悪くなってしまって。最悪なのは、気持ち悪いと思いながらも、その動画でオナニーをしていたこと。こんなオレって最低だなって思った。

北村　なるほど。

J君　他にもネットの掲示板で、二股かけていた相手が鉢合わせした話とか、不倫相手の子どもを妊娠しちゃった話とか、ドロドロした恋愛の話を読んでいるうちに、オレにはこういうのは無理、と思ってしまって。なんだかもう、セックス自体が悪いことのように思えてきて。

北村　そういう、J君みたいな若者が増えているのかな。ボクたちが最近行った調査によると、16歳から19歳の男性の36・1％がセックスに関心がない、嫌悪していると答えているんだよ。J君と同年代の20歳から24歳では、21・5％がセックスに関心がないことがわかった。

J君　う〜ん、でも、それって、すべてが正直な意見なんでしょうか。ボクも以前はそうでしたけど、なかには「セックスに関心がある、と言うのはカッコ悪い」と思っているヤツもいると思う。本当はセックスに関心があるくせに。

北村　そうか。数はわからないけど、そういう人が含まれている可能性もあるね。

J君　ボクも、いまの彼女と知り合う前にアンケートを受けていたら、「セックスに関心がない」と答えたかもしれない。「純愛」を気取っているヤツには、そういう傾向もあるんじゃないでしょうか。もちろん、いまどき「純愛」とか言ってるのは、少数派だと思いますけどね。

J君によれば、純愛志向の若者のすべてが、セックスに関心がないわけではないとか。つまり、実はセックス好きなのに、純愛主義者を気取って、口先だけで「セックス嫌い」と言っている若者もいるということ。ただし、純愛がブームになったのは2003〜2004年あたりであり、今回の2010年の調査で「セックス嫌い」が2008年より倍増している現状を考えると、こういったニセ純愛主義者はごくごく少数だとは思いますが。

ともあれ、本書で「セックス嫌い」として取り上げている若者には、草食系男子と呼ばれる人がいたり、いまだに純愛ブームに縛られている純愛信奉者がいたり、第2章・第3章で見た、「生身の女性より自慰が好きな人」「忙しかったり社会的立場が不安定だったりして、セックスに集中できない人」「セックスより夢中になれる趣味のある人」などが存在することになります。もちろん、それらの人々のあいだで明確な線引きがされているわけではなく、ごく広いくくりでいえば、ほとんどが「草食系」ということになるのでしょう。

次章では、そういった男性陣と相対しているいまどきの女性たちについて、言及していこうと思います。

第5章

性に興味をなくした女たち

◆世代によっては半数以上が「セックス嫌い」

ここで時計の針を少しだけ巻き戻してみましょう。

本書のまえがきにも書いたとおり、「若者のセックス離れ」がマスメディアで大きく取り上げられたのは、「第5回男女の生活と意識に関する調査」を発表した2011年1月中旬のこと。16〜19歳男子の36・1％、20〜24歳男子の21・5％が、セックスに「関心がない」もしくは「嫌悪している」ことが明らかになったからです。

特に、私のようなオヤジ世代は、女性とセックスすることで頭がいっぱいだった自分自身の青春時代と照らし合わせて、「10代後半の男子がセックスに無関心なんて信じられない！」と、大きな衝撃を受けたものです。そして、わが国のテレビや新聞におけるこの調査結果の扱われ方も、「男子の草食化進む」など、若い男性のセックス離れに着目した視点がほとんどでした。

ところが、海外メディアの視点は少し違っていました。この調査結果に関して、私はブラジルやイギリスなどのメディアからも取材を受けましたが、彼らはむしろ、わが国の女性たちがセックスから距離を置いていることに、関心を抱いたのです。

いわれてみれば確かに、特異な現象でした。セックスに「関心がない」もしくは「嫌悪

[表8] セックスをすることに、「関心がない＋嫌悪している」割合の推移

	2008年	2010年
男性　16～19歳	17.5%	36.1%
20～24歳	11.8%	21.5%
25～29歳	8.3%	12.1%
30～34歳	8.2%	5.8%
35～39歳	9.2%	17.3%
40～44歳	13.1%	18.4%
45～49歳	8.7%	22.1%
女性　16～19歳	46.9%	58.5%
20～24歳	25.0%	35.0%
25～29歳	25.0%	30.6%
30～34歳	30.4%	45.8%
35～39歳	35.7%	50.0%
40～44歳	47.5%	55.6%
45～49歳	45.4%	58.6%

（北村邦夫：「男女の生活と意識に関する調査」2008、2010）

している」と答えた女性の割合は、16～49歳という、調査したすべての年齢層において、2008年調査の数字より増加していたからです［表8］。しかも16～19歳、35～39歳、40～44歳、45～49歳という4つの階層においては、セックス嫌いの女性が半数以上に達していました。つまり、これらの年齢層の女性にとって、セックスは明らかに否定的なイメージでとらえられているわけです。

セックスは基本的に、男性と女性の共同作業だといえます。その、片方の主体である女性がセックスに否定的であれば、もう片方の主体である男性のセックス観にも当然、なんらかの影響を及ぼす可能

性があります。つまり、本書でずっと問題視してきた「若い男性のセックス離れ」も、もしかすると、女性のセックス離れと関係があるかもしれません。

そこで、本章では、女性のセックス離れについてあらためて考えてみることにします。

◆性欲は男性ホルモンで決まる

まず、私の基本的な立場を明らかにしておきます。

私は、若い女性がセックスに消極的だったり、セックスを嫌ったりすることについて、それほど驚いているわけではありません。というのも、これまで多くの若い女性をカウンセリングしてきて、セックスにマイナスイメージを持つ女性が予想以上に多いことは、体験的にわかっていますから。また、ヒトの性欲は男性ホルモンに支配されるといわれています。常に女性ホルモン優位の状態にある女性の性欲が弱いのは、生理的にも当たり前のことなのです。

男性ホルモンは、男性の場合は精巣と副腎《ふくじん》から、女性の場合は卵巣と副腎から分泌されます。テストステロンなど3種の男性ホルモンは「アンドロゲン」と総称され、男性の声変わり、男性器の形成と発達、体毛の増加、筋肉の増強などを促進します。

女性の男性ホルモン分泌のピークは、30代後半から40代くらい。この年齢になると、本来は妊娠・出産という女性にとっての一大イベントがほぼ終了しているため、女性ホルモンの分泌が減って、相対的に男性ホルモンが優勢な状態になります。その結果、若い頃に比べて、この年代の女性は性欲が亢進《こうしん》するわけです。俗諺《ぞくげん》で「三十させごろ、四十しごろ（し盛《ざか》り）」などと昔からいわれますが、実に的を射た言葉だといえるでしょう。

一方、男性の男性ホルモン分泌のピークは18〜19歳。そこから年齢とともに、ホルモン分泌は落ちていきます。そこで、たとえば同じ20歳の男女が出会い、恋愛関係を育《はぐく》んだとすると、普通は男性のほうがやたらとセックスをしたがり、女性は嫌われたくないためにイヤイヤそれに応じる、という構図になります（いまの時代、その構図が成立しにくいことを本書ではまさに問題にしているのですが……）。ただし、月経の前後や排卵直後は女性ホルモンの分泌が急激に低下し、一方の男性ホルモンの分泌は変わらないため、一時的に男性ホルモン優位の状態になります。月経の前後や排卵直後に、若い女性でも一時的に性欲が高まる場合があるのは、このためです。

男性は若いときのほうが性欲が強く、女性は中年以降に性欲が亢進する。この点に着目して、かつて慶應義塾大学医学部の林髞《はやしたかし》教授が提唱したのが「結婚2回説」でした。20

歳の男性は性欲レベルの釣り合う40歳の女性とまず結婚し、40歳を過ぎて性欲が減退してから、今度は性欲が未成熟な20歳の女性と2回目の結婚をすればいい。逆に女性側から見れば、まだ性欲の強くない20歳の頃は40歳の男性と結婚し、自分が40歳になって性欲が高まったら、今度は20歳の男性と2回目の結婚をすればいいのだ、というのです。

林髞教授は木々高太郎《きぎたかたろう》のペンネームで推理小説を書き、『人生の阿呆』という作品で直木賞を受賞しているほどの才人。ずいぶん思いきった発想をしますが、当を得てもいます。たとえば2006年頃、当時40歳の小泉今日子と20歳の亀梨和也のカップルが話題になりましたが、ここで説明したように、40歳の女性と20歳の男性は、実は相性がバッチリなのです。

◆男脳と女脳の違い

もう一つ、男性と女性のセックスには違いがあります。それは、性欲を司《つかさど》る脳の違いです。

たとえばヒトの大脳には、手や目の動きを司る右脳と、言語をコントロールする左脳がありますが、左脳の言語能力は、多量の男性ホルモンにさらされると、機能低下を起こすことで知られています。つまり男性は、セックスに没頭してしまうと、どうしても会話がしにくい状態になるわけです。一方、女性の左脳は男性ホルモンの影響を受けませんから、行為の最中でも、きわめて能弁に語ることができます。「セックスの途中でも、男性に愛の言葉を囁《ささや》いてほしい」と望む女性は多いのですが、男性はそもそも、行為の途中に会話するのが苦手なんですね。

また、ヒトの性欲や食欲などの本能は、大脳の内側にある間脳《かんのう》という部分の、視床と視床下部によってコントロールされています。この視床下部は、底辺が1cmほどの漏斗（逆三角錐）状の形をしていて、性欲中枢、食欲中枢、体温調節中枢の3つの部分に分かれています。性欲中枢の中心は性的二型核《せいてきにけいかく》と呼ばれ、男性の性的二型核は女性の2倍の大きさがあることが明らかになっています。だから性欲は男性のほうが強い、とまでは言い切れませんが、男性の性欲と女性の性欲に、器質的な違いがあることは充分考えられます。

◆セックスは痛いから嫌い

こうした、男女のセックスの違いを踏まえたうえで、若い女性がセックス離れしている現状について見ていきましょう。

最初に登場してくれるA子さんは、金融会社に入社して2年目の23歳。「セックスは嫌い！」という、自分の意見をはっきり持っている女性です。恋愛やセックスに対してきちんとした問題意識を持っていたので、カウンセリングも中身の濃いものになりました。

北村　セックスは嫌いだという話だけど、あなたくらいの年齢の女性で、セックスが嫌いな人は珍しくないよね。

A子　えっ、そうなんですか？

北村　全然珍しくない。今回の調査でも、20～24歳の女性の35・0％、25～29歳の女性の30・6％が「セックスに関心がない」もしくは「セックスを嫌悪している」と答えているもの。生殖可能年齢の女性でもこのくらいの数字だから、40歳以上になるとこの数字はもっと高くなる。ね、だから自分だけが特別、と思わないほうがいいよ。えーと、A子さんは、いままでに男性経験はあるんだよね？

A子　はい。初めは19歳のとき。大学に入学してから、高校時代に知り合っていた人とつき合い始めて……。

北村　で、どんな感想を抱きましたか？　何か自分のイメージしたのと違っていた、とか。

A子　いや、たぶん相手も初めてだったので、まあ、こんなものだろう、と。

北村　それで、2回目は？

A子　その人との2回目はなかったんです。なんだか、私のほうの気持ちが冷めてしまって……。

北村　わかるよ。いざセックスしたら冷めてしまう、ということはよくあるんだ。若い人は、性器を結合させるとより親密な関係になれると錯覚しがちだけど、性器を結合させたことで、結果として二人の関係を断ち切ってしまうことも多いんだな。それで、次の人はいたの？

A子　それ以来、大学時代はあまり恋愛しなくて、大学4年になって6歳年上の男性とつき合いました。

北村　その人とセックスに至ったのは、交際を始めてどれくらい？

A子　1ヵ月くらいです。でも、久しぶりにセックスしたら痛くて、なんかもう、セックスは痛いし、面倒くさいなと思ってしまって。

北村　セックスで痛みを感じる女性は、実はすごく多いんだよ。特に若いうちはそうだと思うね。彼氏には「痛い」って言ったの？

Ａ子　何度かは言いましたが、それはたいした問題じゃないだろう、みたいな感じで。向こうはやりたいはずだし、それに応えるのが義務だし、あまり「痛い、痛い」と強調するのも悪いと思って。可能であればセックスは避けたかったけど、自分のなかにも「恋愛していてそれを言いだしたらルール違反だろ」、みたいな意識もありましたから。結局は、数ヵ月で別れてしまいましたが。

北村　それは残念だったね。もっと早くボクのところに来れば、痛くない方法を一緒に考えてあげられたのに……。

◆女性の快感は、男性の比ではない

私はＡ子さんに、なんとかセックス嫌いを克服してもらいたいと思いました。そこで、まず、セックス時の痛みについて考えてみました。

性交体験がそこそこあるのに「痛い」という場合は、膣の乾燥が一因になっている可能性があります。挿入時間が長く、その分ピストン運動が続けば、ペニスが空気に触れる時間も長くなるため、乾きやすくなるのです。そういうときには、「リューブゼリー」という潤滑ゼリーを膣の奥のほうまでしっかり塗っておけば、ほとんどの痛みは抑えられます。

膣はそもそも7～8㎝の長さがあって、アコーディオンのような蛇腹《じゃばら》構造になっており、とても伸縮性がある。出産時には赤ちゃんの頭が出てくるほどですから。それに膣の奥深くにはほとんど感覚神経がありませんから、医学的には本来、痛みをあまり感じない部位のはずです。にもかかわらず、「膣の奥が痛い」という場合は、精神的な要素が大きいかもしれません。特に、妊娠や性感染症に対して強い不安を抱いている場合は、その思いが痛みに投影されることもあるようです。

そこで、低用量の経口避妊薬(ピル)を飲むなどして避妊対策をしっかり行い、なおかつ潤滑ゼリーで潤いを補いコンドームを適正に使うことで、痛みのほとんどは解消できると思います。

A子さんには、そんな痛み対策の話をして、さらには先ほど解説した、性欲と男性ホルモンの関係についてもレクチャーしました。そして女性は30代以降、セックスが突然よくなる可能性があると説明したのです。

北村　ここで知っておかなければならないのは、中年になってセックスがよくなったとしても、それは別に男性のおかげでもなんでもないということ。アホな男は「最初はイヤでも、セックスを続けていくうちに女の体は開発されるんだ」なんて言うけど、科学的には間違いだね。中年女性がセックスで快感を得やすくなるのは、単に男性ホルモンが相対的に優位になるから。

A子　へえ〜。

北村　それから、行為中の脳波を測定してみればわかるんだけど、女性がセックスで得られる快感は、実は男性が得られる快感よりずっと大きいんだよ。

A子　そういう話は聞いたことがありますけど、本当なんですか？

北村　そもそも、男性の性反応はワンパターンだしね。「興奮期」で快感が高まり、「平坦期」で快感が一定程度の強度で続き、「オーガズム期」で射精して、「消退期」で快感は急降下して消える［図12］。どこで誰とセックスしても、この反応は変わらない。それを男は、セックスする前からわかっている。言い換えれば、興奮・勃起・射精・満足、おしまい。いつも同じ（笑）。にもかかわらず、男がセックスを求めるのは、女性の性反応が非常に多様だから。そのために、相手を変えればもっと違う快感が得られるんじゃないかと期待しちゃうんだ。

A子　女性は一人ひとり、そんなに違うんですか？

[図12] 男女の性反応の違い

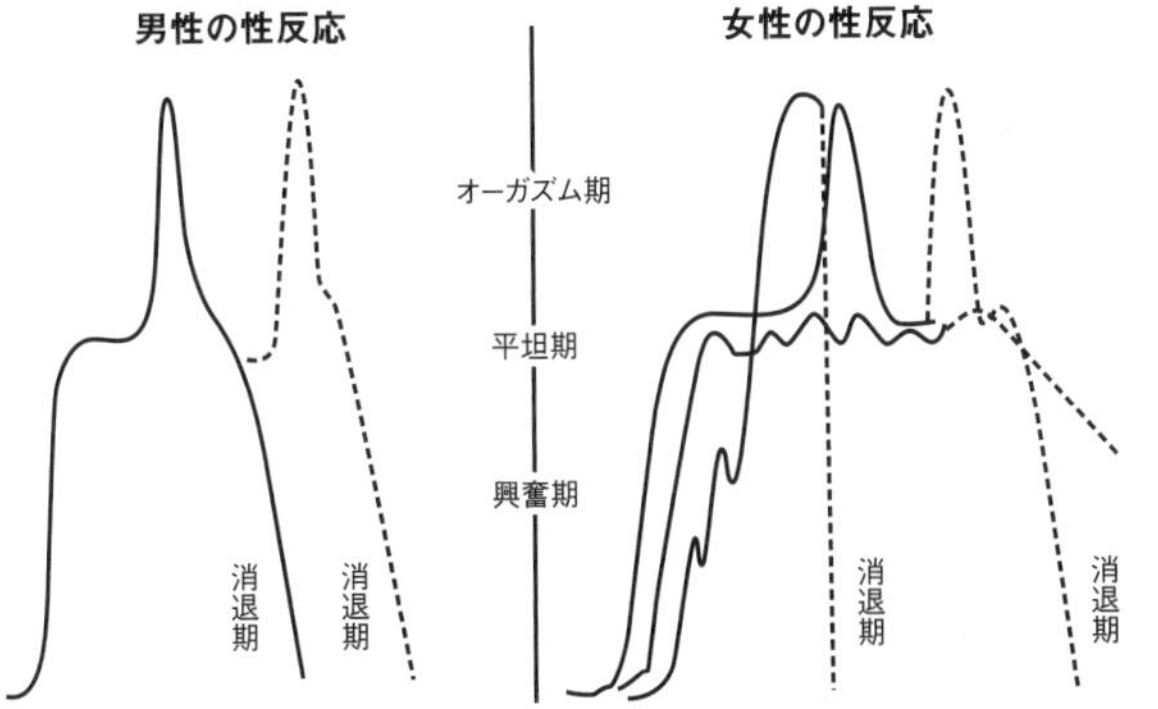

(W・Hマスターズ、V.E.ジョンソン：ヒューマン・セクシュアル・レスポンス)

北村　違うんだね。「興奮期」に快感が階段状に上がったり下がったりするパターンの人もいれば、「オーガズム期」がはっきりしないで、「平坦期」がいつまでも続くパターンの人もいる。セックス時の脳波も、男とは全然違う。オーガズムに向かって、アルファ波というほろ酔いに近い脳波がぐんぐん高まっていって。しかも、「マルチプル・オーガズム」といって、女性のオーガズムは何度も繰り返される。男性のように1回だけじゃないんだ。一説によると、女性のオーガズムを男性の脳に直接伝えたら、男性はショック死しかねないともいわれているんだよ。

A子　そんなに……。セックス嫌いを治すためには、どうすればいいんですか?

北村　積極的にマスターベーションをして、性感帯を一つでも多く発見すること。マスターベーションというのは、まさに「自分探しの旅」なんだ。よいマスターベーションができない女性には、よいセックスはできない。

A子　「旅」ってすごいですね。

北村　だって、考えてみてよ。男なんてしょせんは他人だよ。あなたにとってどのポイントが気持ちいいかなんて、男はあれこれ真剣に思い悩んだりしない。だから、「そこじゃなくて、ここに触れてほしい」って、きちんと言える女性にならないと。自分の目で見たことも触れたこともない場所に、初めて目をやり、初めて手を触れるのが他人だなんてことを、許しちゃいけない。あなたは言える立場なんだ。多様な性反応を持っている女性の一人なんだから。

A子　なんだか、勇気が出てきました。セックスする勇気が。

北村　よかった。その若さで、「セックスは嫌い」と決めつけてほしくないからね。

女性のマスターベーションについて、少し補足しておきましょう。

私のクリニックに受診しに来る10代の女の子には、いつもこんなふうに言っています。自分の最も大切な場所については、誰よりも自分が熟知しておかないといけないよ、と。つまり、自分の大切な場所は、男性に触られる前に自分で触って確かめておく必要があるのです。

性感帯には、第一次性感帯と第二次性感帯があります。女性の第一次性感帯は、膣、小陰唇、大陰唇、クリトリス、膣前庭《ぜんてい》（Gスポット）、乳首を含む乳房などの、性的刺激に直接反応する部分。第二次性感帯は文字どおり二次的に反応する部分で、唇、肛門、ヒップ、脇の下などが該当します。

実は、この第二次性感帯の部位には、人によってかなりの個人差があります。基本的には、迷走《めいそう》神経（首から胸や腹部にかけて通っている脳神経の一つ）が張り巡らされている部分と考えていいでしょう。あごの下の首筋とか、耳の裏側のあたりとか、脇の下から体の側面にかけてとか。表から見たときに見えにくい陰の部分であり、皮脂汚れがつきやすい部分であり、くすぐられるといじいじする部分でもあります。これはもう、自分で触ってみて、快感を覚えるかどうか、確かめるしかありません。ある人は眉毛に触られることで快感を感じるようですし、ある人は耳たぶがすごく敏感だったりしますし、背中をこすられるだけで濡れるという人もいます。

発生学的にいえば、もともとヒトの皮膚は、大脳と同じ外胚葉《がいはいよう》にあたります。そして大脳は、快感を最も敏感に受け取る部分。つまりヒトは、快感をきわめて敏感に感じやすい大脳そのもので、全身を被《おお》われているようなもの。快感ポイントは全身に無数に点在している可能性もあります。ぜひ、自分だけの性感帯を探してほしいものです。もっともこれは、男性にもいえることなのですが。

◆男性は不潔だからイヤ

服飾系の短大に通うM美さん（20歳）は、スラリと背が高いモデル体型の美人。小学校時代から男子にモテモテだったそうで、恋多き女というか、いかにも恋愛経験が豊富なように見えます。

ところが、実際はその逆。自分では「私は性格的に恋愛できないのでは？」と悩んでいるのです。というのも、男性から告白されて、「ステキな人！」と思って交際を始めても、すぐに男性の不潔な部分が目について、一緒にいられなくなってしまうんだとか。そのため、セックスはもちろん、キスさえ満足に経験できていません。

北村　男性の不潔な部分が気になるの？　たとえば、どんなところ？

M美　そうですね、たとえば、抜けた髪の毛が1本、その人の肩に落ちているとか。あるいは目の縁《ふち》に目ヤニのようなものが見えるとか。ヒゲが不揃いに伸びていたり、うっすら青く見えるのも、なんか気持ち悪いと思ってしまいます。あと、汗を拭いている人も苦手ですね。

北村　でも人間なら、誰しも代謝作用で汗をかくよね。タオルやハンカチできちんと拭《ぬぐ》えば、特に問題はないと思うんだけど。

M美　ダメなんです。額や首筋に汗が光ってるのを見るのは気持ち悪いし、それをハンカチで拭って、また服のポケットに入れるでしょ？　汗で濡れたハンカチをそのまま服にしまうなんて信じられません！

北村　う〜ん。夏にはみんな、汗をかくんだけどねえ。

M美　それと、ニオイですね。タバコのニオイ、お酒のニオイ、髪の毛のニオイ、何か食べたもののニオイ……。そういったニオイを嗅いだ瞬間、「この人と同じ空気は吸いたくない」と思ってしまう。

北村　ひょっとして、「男」という存在そのものが嫌いなのでは？

M美　そんなことはありません。芸能人では嵐のニノが好きだし、社内の男性も、遠くから見ている分には「ステキ！」って思えます。でも、近くで見るとダメ。すぐにイヤなところばかりが目についてしまって。

北村　そういう感覚は、同性には感じないのかな？　女友だちも不潔って思う？

M美　仲のいい子は、不潔とは思わないんですが……。

◆滅菌社会は破滅を招く

不潔感については第2章でも言及しましたが、「一億総滅菌社会」というか、いまやわが国の社会全体が清潔になりすぎているような気がします。まな板も「抗菌」、包丁も「抗菌」、シャープペンシルも「抗菌」、電卓も「抗菌」、輪ゴムも「抗菌」、自動車のシートも「抗菌」、印刷物まで「抗菌」……。

ヒトも生物であるわけですから、地球という自然環境のなかで生きていくためには、様々な細菌やウイルスと共存していかなければなりません。ところが、清潔感ばかりを求め、無菌室のような社会で暮らし続けていれば、いつかヒトの免疫システムが有効に働かなくなってしまうかもしれない。免疫力が落ちた動物は、間違いなく衰退の一途をたどります。そうなれば、動物としての破滅です。

花粉症というアレルギー反応は、ヒトが寄生虫に寄生されにくくなってから、爆発的に増えたといわれています。一部の若者がセックス・アレルギーを起こしているとすれば、日常生活が清潔になりすぎたことと何か関係があるのでは？と疑ってかかりたくなります。

また、それに関連して私が常々感じているのは、日本の社会が、ニオイに対して不寛容になってきていること。テレビCMを見ていても、トイレの消臭、部屋の消臭、衣類の消臭、口臭予防、加齢臭予防、よい香りのする洗剤など、ニオイに関する商品がいかに数多く出回っているかがわかります。私たちの社会は、少しでもニオイのするものを徹底的に排除しようとしているかに見えます。

こうした、抗菌・無臭をよしとする生活スタイルは、男女関係にも影を落としているように思えてなりません。その一例が、先ほどご紹介した、モデル体型のM美さんです。

よくよく話を聞いてみると、M美さんはいわゆる「乙女ゲーム」にハマっているとか。「乙女ゲーム」とは、女性主人公が様々な男性キャラクターと出会い、恋愛していく様子を楽しむシミュレーションゲームのこと。ゲームだから当たり前ですが、出てくる男性キャラはすべてイケメン揃いだし、もちろん無味無臭です。

そんなゲームの中のイケメンに比べたら、現実の男性は不潔ですよね。暑ければ汗をかくし、トイレにだって行く。当然ですよね、生きているんですから。それが頭ではわかっていながら、M美さんはゲームと現実のギャップを乗り越えられない。

もし、M美さんが現実の恋愛をしたいのであれば、「乙女ゲーム」はほどほどにして、男性という生物に少しずつ慣れていくしかないでしょう。そして、いつの日か視覚・聴覚・嗅覚・味覚・触覚の五感すべてを総動員して、人を愛することができるようになってほしいものです。

◆ブスはセックスしちゃいけない？

いまの日本を見ていてもう一つ気になるのは、何かと見た目ばかりが重視される社会になってきたということ。男性も女性も、暗黙のうちに、「ルックスのいい人」と「それ以外の人」とを明確に分けすぎているような気がしてなりません。そして、一度「それ以外の人」に分類されてしまった場合、なかなか挽回は難しそうです。

K枝さんは21歳の飲食店アルバイト。男性経験は2人。ですが、セックスに対して、どうしても積極的になれません。高校時代、つき合っていた彼氏にセックスを迫られて拒絶すると、「ブスのくせに！」と口汚くののしられたからです。その彼氏はひどい男で、「ブスのおまえを抱いてやるんだから、感謝されて当たり前」と本気で思っていた節《ふし》があるそうです。

当然、K枝さんの心は激しく傷つきました。そしてそれ以来、受け口であることや、人より少し体毛が濃いこと、お尻が大きいことなど、とにかく自分の見た目を恥ずかしく思うようになってしまったとか。その後、２人の男性とつき合い、セックスも経験しましたが、どうしてもセックスを前向きにとらえられないようです。いま現在、２人目の男性とはまだ交際が続いています。

北村　セックスが嫌なんだね？

K枝　どちらかといえば、そうです。もししなくてもいいなら、したくありません。

北村　それはどうして？

K枝　自分の裸を見られるのが、死ぬほど恥ずかしいからです。胸がないくせに、お尻が大きくて……。セックスのとき、少しでも明かりがついていたらイヤだし、下しか脱がなかったこともあります。

北村　でも彼氏は、そんなK枝さんを「好き」と言ってくれているんでしょう?

K枝　それが本当の気持ちなのかどうか、どうしても信じられなくて。彼はセックスの相手がほしいだけかもしれないし。

北村　だったら、セックスなしのデートを何度かしてみたらいいんじゃないかな?　たとえば、昼間だけの遊園地デートをするとか。

K枝　そうですよね……。

全身がコンプレックスの塊だというK枝さん。しかし人は、誰かに愛されることで、自信を持つことができるはずです。彼女に本当の恋愛を教えてくれる男性が現れることを、心から祈らずにはいられません。

◆趣味が楽しすぎて、男性に興味なし

もう何年も前からいわれ続けていることですが、いまの日本ではとにかく、女性が元気です。アラサー、アラフォー、アラフィフなどといわれながら、あるいは「負け犬」のレ

ッテルを張られながらも、わが国の消費を引っ張っているのは明らかに女性。繁華街に飲みに行っても、オヤジのしゃがれた声より女性の黄色い歓声を聞く機会のほうがめっきり増えました。

女性の趣味の多様化も進んでいますね。しかも、彼女たちはマイブームをいち早くブログなどで公開するため、そこから次々に新たな流行が生まれています。歴史好きの女性は「歴女《れきじょ》」と呼ばれ、阿修羅像を愛《め》でる「アシュラー」も登場しました。鉄道マニアの女性は「鉄子《てつこ》」。「山ガール」「釣りガール」なんていうのも、話題になりましたね。お弁当を作るブームは男性にまで波及して、「弁当男子」なる新語も生まれました。

ＩＴ関連企業に勤務するＭ子さん(26歳)も、自分なりに生活を楽しんでいる女性の一人。現在、パン作り教室、紅茶教室、ホットヨガ、ウクレレと、週に4つの習い事をしているとか。紅茶教室がもうじき終了するので、陶芸教室に行くか、それともフラダンススクールに行くかが、目下の最大の悩み。男性とデートするヒマなんて、当分来そうにありません。唯一の悩みは、若い頃からずっと生理不順で、ここ2〜3年、生理痛がひどくなってきたこと。

北村　毎日がとても充実しているみたいですね。お肌もツヤツヤだし、体中から元気があふれているのがわかります。

M子　ありがとうございます。本当にいま、毎日が楽しいんですよ。

北村　男性とは無縁の生活？

M子　そうですね、３つ年上の彼氏と2年前に別れて、それっきり。いまは習い事や、同性の友だちと遊んでいるほうが面白くて。

北村　異性には、もう魅力を感じなくなっちゃったのかな？

M子　そんなこともないんだけど、恋愛方面はいまはちょっとお休みっていうか。だいたい、つき合って面白そうな男性が周りにいないんだもの。象徴的だと思ったのが、以前彼氏と泊まったホテルに、先日、女友だちと泊まったこと。いわゆる女子会ですよ、レディースプランの。結構豪華なルームサービスを取って、朝までワインを飲んでおしゃべりしました。そういうのがいま、楽しいんですよね。

北村　変な話だけど、性欲は全然ないの？

M子　実は、オナニーグッズを持っていて、たまに使いますね。月に1度か2度。

北村　結婚とかは、まだ考えない？

M子　一応30歳を過ぎたら考えようかな、と思ってはいますけど。でも、どうなるかなあ。これからの時代に、ちゃんと子どもを産んで育てていけるか、いまいち不安というか。

北村　それは……難しいところだよねえ。

男性が消極的だから、女性が恋愛以外に楽しみを見出《みいだ》すようになったのか。女性が恋愛に無関心になったから、男性が去勢されたようになってしまったのか。こうなると、「卵が先か、ニワトリが先か」というような議論を繰り返すしかなくて、答えはなかなか見えてきません。私の個人的な感覚でいえば、両方の事象が同時多発的に起こったようにも思えるのですが。

魅力的な男性さえ現れれば、女性はセックスに前向きになれるのか。あるいは、多くの女性はすでに、生殖を放棄しつつあるのか。世の女性たちの動向を、いままで以上に注意深く見守っていく必要があるのかもしれません。

第6章

メール社会が男女を遠ざける

◆女性とまったく会話できない

手紙、固定電話、ファクシミリ、自動車電話、ポケットベル、携帯電話、スマートフォン……。ここ半世紀ほどのあいだに、私たちのコミュニケーション・ツールは革新的な進化を遂げました。ツールだけでなく、たとえばインターネットなどの通信網も世界的な規模で整備され、今日《こんにち》では誰もが簡単に、パソコンや携帯端末を使って電子メールの送受信が行える時代。オヤジ世代を代表するこの私でさえ、いまや絵文字を使うことなんて当たり前。いやあ、本当に便利な時代になりました。

とはいえ、コミュニケーション・ツールが便利になりすぎたために、かえって人と人とのコミュニケーションが難しくなっている、という「負」の側面も見逃せません。そういった、コミュニケーションに関する新たな問題が、男女間のセックスにおいても、微妙な影を落としているケースも見受けられます。

S君は25歳のフリーター。ボディビルという、ちょっと変わった趣味の持ち主。週3回はジムに通い、せっせと肉体改造に励んでいます。毎日の食事にも気を使い、高価なプロテイン・サプリメントの摂取も忘れません。

S君の場合、彼女いない歴＝《イコール》年齢。つまり25年間生きてきて、女性とおつき合いした経験が一度もないのです。身長はそれほど高くありませんが、がっちりとした男らしい体格であり、おまけに筋肉ムキムキ。顔だって彫りが深くて、まあまあの二枚目。なのに彼女がまったくできないのは、女性の前に出るととたんにしゃべれなくなってしまうという、そのシャイな性格から。

北村　S君はどうして女性と話せないんだろうか。

S君　わかりません。小学校の高学年ぐらいから、女の子とはずっと話してません。

北村　小学校高学年から？

S君　ウチのクラス、男子と女子がすごく仲が悪かったんです。女子とちょっとおしゃべりしただけで仲間外れにされました。中学生になったら、もっと女子と話せなくなりました。

北村　女性を前にすると、緊張しちゃうの？

S君　ええ。緊張します。

北村　それはどこかに下心があるからだよ。無意識のうちに、自分を実際以上によく見せようとしている。だから、ヘタなことはできないと緊張する。

S君　かわいい女の子と相対したときほど、緊張します。
北村　恋愛対象になりうる女性のときだけ、緊張するんだね。
S君　…………。

S君との面談はほとんど要領を得ませんでした。ところが、面談時に聞いておいた彼のアドレスに後日メールしたところ、ものすごく素早いレスポンスで、彼のパソコンから長文の返信が送られてきたのです。

あまりにも長いので内容を要約してご紹介すると、S君は女性とまったくコミュニケーションが取れないわけではなく、メールのやりとりは得意だとか。特にいまは、あるオンラインゲームにハマっていて、その対戦相手の女性とはギャグを言い合える（メールし合える）仲らしい。その一方で、生身の女性には完全にお手上げ状態。先日も、シャイすぎるS君のことを心配したバイト先の先輩が、キャバクラをおごってくれたとか。しかし、S君についたキャバクラ嬢が盛んに話しかけてくれたにもかかわらず、S君は2時間、押し黙ったまま。女性に話しかけられるのが苦痛で、そのうち30分以上トイレに避難していたようです。これにはバイト先の先輩もさすがにあきれ果て、その後は一緒に飲みに行くこともなくなったといいます。

実はS君、オンラインゲーム（以前ハマっていた別のゲーム）仲間の女性を過去にデートに誘ったこともあるそうです。もちろん、メールで。そして実際、ある映画を一緒に見るというデートにまでこぎ着けました。ところが、やはりS君、面と向かっては何もしゃべれません。その女性は「メールの印象とはずいぶん違う人なのね」とだけ言い残し、映画館の出口から自宅へ直行で帰ってしまったとか。彼女はその後、オンラインゲームのサイトにも寄りつかなくなった……。

こういった内容を、面白おかしくメールしてきてくれたS君。文面を読む限り、国語力もユーモアも人並み以上に備わっていると思いました。にもかかわらず、人に対してだとどうしてしゃべれなくなるのか。もしかすると、メールに習熟しすぎてしまったことが、口頭によるコミュニケーションを阻害してしまっているのかもしれません。

◆出会い系サイトなら声をかけられる

もう一人、面と向かっての会話よりもメールのほうが得意、という若者を紹介しましょう。自称「遊び人」のO君、26歳。職業は会社員のようですが、業種までは教えてくれませんでした。ある特別なルートを通じて知り合った若者で、自分の体験はすべて話すけど、「匿名で」というのが絶対条件。しかも面談ではなく、電話でのヒアリングになりました。

北村　O君は一時期、出会い系サイトにハマっていたと聞いたんだけど。

O君　2〜3年前まで、ですね。

北村　出会い系サイトで、いろいろな女性と知り合ったんだって？

O君　そうですね、ぶっちゃけて言うとエンコーですね、援助交際。

北村　そうすると、相手は中高生だね。どんなふうにコンタクトを取るの？

O君　掲示板に自分から書き込んで、メールが転送されてくるのを待ちます。「値段は3から」のように「買う」（＝援助交際する）ことが、ひと目でわかるようにするのがポイントですね。

北村　それで、メールが送られてきて、どうなるのかな？

O君　メールが1通も来ないときもあれば、10通以上来るときもあります。メールが来れば、そのなかからヤレそうな子を何人か選んで返信して。出会い系サイトは、メールのやりとりにもお金がかかりますからね。何度もやりとりをするうちに、実際に

北村　会えそうな相手を絞っていって。最後まで行くパターンはめったにないですけど。

O君　最終的には何人くらいとエッチしたの？

北村　確か、10人くらいですね。ハマっていた時期が長いんで。

O君　出会い系以外で、彼女を見つけようとは思わなかったの？

北村　はい。女の子と出会うきっかけがないので。もし出会えたとしても、なんて声かけていいか、わからないし。

O君　直接は話しかけられないけど、出会い系だと声をかけられる、と。

北村　メールだからですね。メールの文章を考えるのは、得意なんです。

O君　じゃあ、出会い系で知り合って、交際するようになった女性はいるの？

北村　いません。逆に嫌がられるんですよ、つき合おうとかすると。彼女たちも、お金だけの関係のほうがいいんです。恋愛にまでいっちゃうと、男がストーカーになったり、いろいろめんどくさいことが起こるから。

O君　いまではもう、出会い系は利用してないの？

北村　してません。なんかもう、そういう元気もなくなっちゃって。収入も減ったし、遊びに使えるお金もあまりないんですよ。最近はオナニーばかりです。

援助交際はもちろん犯罪であり、許されるべきものではありません。にもかかわらず、彼のエピソードをここで取り上げたのは、現代の若者たちのコミュニケーションの危うさを明らかにしたかったから。面と向かって「セックスしよう」とか「○万円でどう?」と聞くほどの勇気が、O君にはありません。彼はそれほど根っからのワルというわけでもないし、犯罪者としての覚悟も足りない。むしろ、「援助交際を自分が持ちかけたときの女性の反応を見るのが怖い」というほどの小心者です。

しかし、女性とのあいだに「メール」というワンクッションを置けば、なんでも言える。まるでマジックミラー越しに相手を見ているかのような、「自分が守られてる感」を覚えるんだとか。この、相手と直接つながっていない感覚が、彼の真っ当なコミュニケーション能力を麻痺させてしまっているのでしょうか。

◆携帯電話の普及による危うさ

[図13]は、総務省が調査した「携帯電話普及率」、[図14]は「15~19歳の女子人口千対(千人当たり)の人工妊娠中絶実施率」を表したものです。

[図13]を見ると、携帯電話の普及率は1989年3月から1994年3月まで0・2%

[図13] 携帯電話普及率

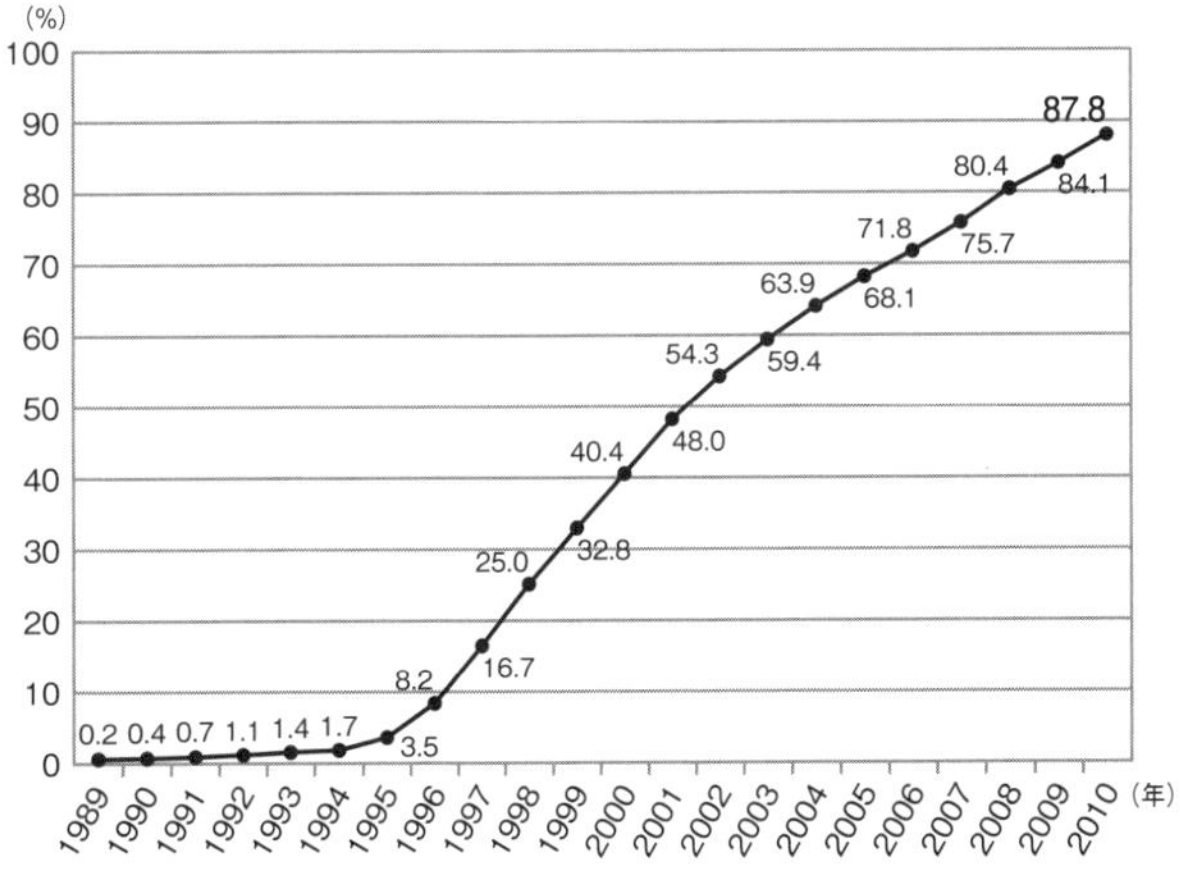

（総務省調査・単身者含む・各年3月調べ）

[図14] 15～19歳の女子人工千対の人工妊娠中絶実施率

〜1・7％で推移していたのが、1995年3月を境に急上昇しているのがわかります。それとまるでリンクするかのように、15〜19歳女子の人工妊娠中絶実施率も1995年を境に急上昇しました。

この人工妊娠中絶率上昇の一因として考えられるのが、いわゆる援助交際です。

1985年、新宿に初めて誕生したテレフォンクラブ（テレクラ）は、やがて電話を媒介にした少女売春の温床となっていきましたが、1990年代に入って携帯電話が徐々に普及していき、よりパーソナルなコミュニケーションが可能になると、折から発生したブルセラ・ショップの隆盛とともに、少女の売春行為はさらに活発化していきます。1996年には「援助交際」が流行語大賞にも入選、大きな社会問題として取り上げられるようになりました。

また1999年、携帯電話によるインターネット接続（iモード）が可能になると、出会い系サイトにアクセスする人が一気に低年齢化し、援助交際する少女が急増します。そこで、事態を重く見た政府は規制強化に乗り出し、1999年には児童買春・児童ポルノ処罰法を施行。さらに2003年には、出会い系サイト規制法を施行。こうしてようやく、少女たちによる援助交際の動きは沈静化の方向に向かうのでした。15〜19歳の人工妊娠中絶実施率を見ても、2001年をピークに、毎年急激に落ちてきています［図14］。固定電話から携帯電話へ。通話からメールへ。こうしたコミュニケーション・ツールの劇的な変化は、若者たちのコミュニケーションのあり方も一変させることになります。

固定電話しかなかった時代（固定電話は家電《いえでん》といいました）、若者が友人・知人に連絡を取ろうとすれば、まずその家に電話をかけ、最初に電話を取った他人の家族（多くの場合、友人・知人の母親）に取り次ぎを頼まなければなりませんでした。その際、電話口に出た人に対してなんらかのコミュニケーションを図らなければならず、場合によっては時候の挨拶や近況報告も必要になりました。特に、異性の友人や恋人の家に電話をかけるときには、かなりの緊張を強《し》いられたものです。そうやって、かつての若者たちはみんな、コミュニケーションのスキルを磨いていったわけですね。

ところが、携帯電話が普及した今日では、若者は友人・知人に直接コンタクトができます。友人の家族に対する時候の挨拶など、必要ありません。電話を取るのはどうせ友人なのですから、どんなに乱暴な言葉遣いをしてもOK。「何をどう話そうか」と、緊張しながら、事前に話の構成を考えることもありません。携帯電話の普及は、人と人とのコミュニケーションを驚くほど簡単に、手軽に、イージーにしてしまいました。

と同時に、固定電話のような「家族による検閲機能」が働かない分だけ、携帯電話による通話には、常にある種の危うさがつきまとうことにもなったのです。携帯電話がこれほど普及しなければ、女子中高生による援助交際はこれほど盛んには行われなかったと思われ、10代女子の人工妊娠中絶率の上昇も見なかったのではないでしょうか。

◆メールの多用でコミュニケーション能力が劣化!?

ある出版社に勤務する知り合いの編集者が先日、こんな話をしてくれました。

「最近の若い編集者は、なぜか電話よりメールを使いたがるんですよね。取材先に取材を申し込むのにも、著者に連絡を取るのにも、まずはメールで。著者には忙しい人が多いので、相手がそれを望んでいる場合はいいのですが、ボクにはむしろ、電話するのを面倒くさがっているように見えて仕方がありません。面倒くさいだけではなくて、怖がっているようにも見えますね。いきなり電話して怒られたらどうしよう、こちらの言い分を真っ向から否定されたらどうしよう……みたいな感じなんですよ。ときには社内の業務連絡でさえ、メールだけで済ましてしまうこともある。席がすぐ隣同士なのに」

その編集者は、「これも時代の流れでしょうか」と笑っていましたが、私はある危機感を覚えたので、こう返しました。

「電話というのは、常に当意即妙な対応が求められるよね。ああ言われたら、こう言う、と。でもメールなら、相手にどう伝えればいいのか、いろいろと考える時間的余裕がある。その分、相手を怒らせるなどのリスクも少ない。そういう意味で、若い人はより無難な選択をしているのかもしれないね。自分のコミュニケーション能力に自信がない、というか一発勝負の本番を避けている、というか」

するると、彼は急に真顔になりました。

「そうなんですよ、先生。実は、いまの若いヤツらはプライベートでも、誰かと電話するのが面倒くさいみたいなんですよね。必要な連絡は携帯電話のメールで済ます。パケット定額制だから、メールならいくら打ってもお金がかからない。10年くらい前まで、携帯電話代が月2万円、3万円という若者もザラにいましたが、パケット定額制が導入された現在、月1万円以上払っている人はめっきり減ったようです。ウチの若手に聞いても、携帯電話代はせいぜい月3～4千円だとか。他に、何にお金を使ってるんだか。なんだか、若者のコミュニケーションそのものが希薄になっている気がします」

その出版社は私もよく知っていますが、若手編集者はいわゆる一流大学の出身者ばかり。

頭もいいし、本当に優秀な人たちです。にもかかわらず、電話はどうも苦手だという。だとすれば、現代の若者すべての傾向として、コミュニケーションのスキルが落ちてきているのかもしれません。

電子メールは、本当に便利なコミュニケーション・ツールだと思います。ちょっとした連絡事項のやりとりなら、メールで充分。送るほうも送られるほうも、気兼ねなく使えます。若者に限らず、私たちオヤジ世代でも、日頃からその恩恵を受けている人は多いのではないでしょうか。しかし、メールがコミュニケーション・ツールの主役になればなるほど、人々は安易なコミュニケーションの上にあぐらをかき、コミュニケーション・スキルを磨くことを忘れてしまう。かつての手紙時代、固定電話時代を知らない若者ほど、その傾向は顕著に表れているといえそうです。

◆男女の体を結びつけ、心を切り離すもの

20世紀の終盤に普及した携帯電話、パソコン、インターネットという新たなコミュニケーション・ツールは、私たちの生活をどのように変えたのでしょうか。

「1999年には各家庭にパソコンが普及し、学生が携帯電話を持ちだした。実はこの頃

から、パソコンや携帯電話を頻繁に利用する若者のあいだで、性行動が『二極化』を始めました」。こう分析するのは、日本性教育協会事務局次長の金《かね》子《こ》成《なる》男《お》氏です。また、山口大学大学院の高橋《たかはし》征仁《まさひと》准教授は、パソコン派と携帯電話派を「言語を異にする二つの民族のように、まったく別々の社会的存在といえる」として、「携帯派」の性行動が積極的でおおらかな傾向なのに対し、「パソコン派」は奥手で、性行動も擬似的なものに対象が向く傾向があるとしています。

なるほど、興味深い分析です。本章に登場した若者でいえば、かつて援助交際にハマっていたO君は前者であり、冒頭の筋肉ムキムキS君は後者だということでしょうか。とはいえ、メールでしか自分をうまく表現できないという点では、どちらも同じなのですが。

今日のメール社会に生きる若者たちを見ていると、私はなんだか切なくなります。私たち大人が社会のコミュニケーション・ツールを発達させればさせるほど、逆に若者たちが一人ひとり孤立していくように見えるからです。本書でずっと問題視している「セックス嫌いな若者たち」もある意味、その犠牲者といえるかもしれません。

思いがけないことですが、インターネットやメールの発達は、期せずして若い男女の体と体を安易に結びつけてしまいました。「援助交際」、あるいは「出会い系」という名前で。

その一方、インターネットやメールの発達は、若い男女のコミュニケーション能力を低下させただけでなく、若い男女の心と心を遠ざける結果にもなっているようです。

第7章

セックス嫌いを克服するために

◆私のセックス原体験

私はこれまでの章で、日本家族計画協会クリニックの所長として、あるいは人生の先輩として、セックス嫌いの若者について論評してきました。その一方で、「いまの若者についてエラそうに語る資格がおまえにあるのか」という自戒の念にも、常に苛《さいな》まれてきました。なぜなら私自身が、かつてはセックスについて悩める若者の一人でもあったのですから。そんな私と、いまの若者たちのあいだに、いつどのようにギャップが生まれてしまったのか。セックス嫌いを克服するための提言を行う前に、まずは私自身のセックスに関する原体験から語っていきたいと思います。

私が女の子を初めて好きになったのは幼稚園の頃。しかし、「性の目覚め」というテーマでいえば、初めてセックスを明確に意識したのは中学3年生のときです。

小中学校時代の私は、身長こそクラスで低いほうだったものの、人前で目立ったり演説したりするのが大好きだったので、ずっとクラス委員や生徒会の役員を務めていました。

中学3年のある日、生徒会の仕事を終えて家に帰ろうとすると、佐藤君というクラスメイトが、いきなり声をかけてきました。「おい、北村、いい本が置いてあるところへ案内するぜ」。ちなみに、佐藤君はクラスでいちばん背が高く、当時すでに1m80cmほどもありました。「いい本ってなんだろう?」と思いながら、のっぽの佐藤君についていくと、彼はお寺の裏手のほうへずんずん歩いていきます。

当時私の通っていた中学校はお寺のすぐ近くにあって、そのお寺の裏手はさみしい墓地になっていました。二人で墓地の外れの、物置だかゴミ捨て場だかわからない空き地のようなところまで歩いていくと、佐藤君はこちらを振り返ってにやりと笑います。見るとそこには、たくさんの雑誌が積んでありました。しかも、ひと目で「いやらしい本」だとわかる表紙です。誰かがここに捨てたのでしょうか、あるいは一時的に隠しておいたのでしょうか。それはわかりませんが、とにかく、そこには数十冊のエロ本が積まれていて、佐藤君はなぜか私にだけそれを教えてくれたのでした。

それから数週間、私の中学校からの帰宅ルートは、お寺の墓地経由に変更されました。エロ本を1冊ずつ肩掛けカバンに入れて持ち帰っては、自分の部屋の畳の下に隠す日々。なぜ畳の下かというと、ベッドの下や机の中では、母親にすぐに見つかってしまうと考えたからです。私は6人兄弟の末っ子。しかも、わが家は母子家庭でした。その分、おそらく、私にはマザー・コンプレックスの傾向が強かったのでしょう。エロ本が見つかって、母親に心配をかけることだけは絶対に避けたかった。そこで、毎日重い畳を持ち上げては、その下にエロ本を隠したわけです。エロ本の厚みで、畳が少しだけ浮き上がって段差がついたりしましたが、母親には運よく見つかりませんでした（と、いまでも信じています）。そうして深夜、畳の下からエロ本を取り出し、誰にも見つからないようにマスターベーションするようになったのです。マスターベーションについては、知らず知らずのうちに覚えたと記憶しています。

◆最高記録はひと晩で7回！

私がマスターベーションを覚え、毎日せっせと励んでいた頃は、折しも『平凡パンチ』と『週刊プレイボーイ』の創刊期でした。１９６０年代なかばのことです。どちらもさわやかなお色気が売り物の、男性週刊誌の雄でした。とはいえ、わが家は経済的に豊かではなかったので、自分で購入することはもちろんできません。墓場のエロ本をこっそり廃棄してしまった後、今度は『平凡パンチ』や『週刊プレイボーイ』の新聞広告が、マスターベーションするときの私の「オカズ」になりました。雑誌そのものではなく、新聞広告ということが、われながらいじましいですね。雑誌発売日の新聞広告には、女性アイドルの水着姿のモノクロ写真が小さく1~2枚載っていたので、それを見てマスターベーションしたわけです。想像力を必死にかき立てながら。

そうそう、一日にマスターベーションで何回射精できるか、自分なりに挑戦したのもその頃でした。私の記録は、ひと晩で最高7回。アホですね。体力的にはもう少しできそうだったのですが、なにしろ肛門が痛くて痛くて、それ以上の行為は続けられませんでした。

その後、大学で医学を専門に学ぶようになって、あのときの痛みの正体が初めてわかりました。7回射精したときの肛門の激痛は、実は「前立腺収縮」を起こしたことによるものだったのです。前立腺は膀胱《ぼうこう》の真下にあって、尿道を囲むように存在している男性生殖器の一つ。前立腺液を分泌するのが最大の役目で、実は精液の成分のほとんどがこの前立腺液です。肛門から指を入れてみると、腹部側の奥まったところに、クルミ大の器官があるのがわかるはず。それが前立腺です。一時は前立腺マッサージなんて性技も流行りましたね。射精時には、この前立腺が収縮して精液を排出するのですが、その収縮がたび重なると、収縮しっぱなしになって戻らなくなってしまう。当然、神経なども引っ張られたままの状態になりますから、痛くてたまらなくなるのです。

中学・高校時代、そうやってマスターベーションに耽《ふけ》りながら、私は悩みました。性欲に任せて、こんなにマスターベーションばかり続けていて、本当にいいのだろうか、と。

とはいえ比較する対象がないし、性について相談する相手もいなかったため、自分のその行動が人並みなのか、あるいは人並み外れて異常なのか、自分では判断がつきませんでした。判断がつかないまま、毎日悶々と思い悩みながら、しかし、マスターベーションをガマンすることができない。高校は男子校で、女子と知り合う機会もなく（校舎の屋上から、仲間とともに隣の女子校を双眼鏡で見た記憶があります）、思えば、暗い青春時代でした。

◆マスターベーションに支えられた青春時代

やがて高校を卒業し、結果として浪人生活に入るわけですが、家が貧しかったために、親からの経済的な支援は期待できませんでした。それで、浪人して受験勉強しながら、いろいろなアルバイトをやりました。新聞配達とか、守衛とか。泊まり込みでの守衛のバイトは、親元を離れてたった一人になれる、初めての機会でした。夜はもちろん勉強もしましたが、「誰に気兼ねすることなく、思う存分マスターベーションできるぞ」という意識も当然あったと思います。

そのときに使った「オカズ」がすごかった。当時はまだ、街なかに成人映画専門の映画館がいくつかあって、その前や商店街の電柱などいろいろなところに、成人映画のポスターが張ってありました。それがときどきはがれかけていたり、なかには、はがれ落ちているものもある。『団地妻　濡れた情欲』とか、『姦《や》られたい！　発情する雌犬』というような、すごいタイトルのヤツが。それをこっそり拾ってくるんです。

しかし、ポスターの裏面には和のりがべったり塗られていて、そのままではゴワゴワしていて扱いにくい。それをこっそり守衛室に持ち込んで、ぬるま湯につけて和のりを溶かし、雑誌のピンナップ状に折りたためるようにしました。乾かしたものを「オカズ」として、コレクションしていたわけです。こうやって、当時のことを思い出しながら書いてみると、われながら、自慰にかける情熱は少々常軌を逸していたと思わざるをえませんが……。

とはいえ、いま振り返ると、私にとってマスターベーションはとても重要な行為でした。中学時代、高校時代、ストレスの溜まる浪人生活……。そういった暗い青春時代の私に喜びを与え、精神的に支え、性欲をコントロールし続けてくれたのは、まぎれもなくマスターベーションだったのですから。

本書で取り上げた若者たちのなかにも、「マスターベーションが大好き」という青年が何人もいましたが、私には彼らの気持ちがよくわかります。私自身、マスターベーションは大好きでしたから。だから私はいまでも、若者たちのマスターベーションを否定しません。むしろ、その効用を積極的に認めているくらいです。

たとえば、第1章で触れたように、性欲をマスターベーションで上手にコントロールすることで、望まない妊娠をさせたり、相手から性感染症を引き受けるリスクをなくすことができるわけですから。まさに、マスターベーション万歳！ですね。

ちなみに、マスターベーションに関する私のお気に入りフレーズは、次のものです。「Masturbation is sex with the person you love the most(マスターベーションとは、あなたの最愛の人とのセックスである)」。ウディ・アレン監督の映画『アニー・ホール』で、主人公が語る台詞《せりふ》です。

◆セックスは本能ではなく学習

私は1951年(昭和26年)生まれ。小学校や中学校で、きちんとした性教育を受けていない世代です。しかし、子どもの頃から、男性と女性がセックスするであろうことは知っていました。身の周りで、様々な動物たちが交尾する姿を見てきましたから。カブトムシやカマキリの交尾も見ましたし、家の近所にいたのら犬、のら猫の交尾も見ました。春先、盛りがついて騒ぐ猫に、母親がよくバケツの水をかけていたものです。

ただし、動物たちの交尾はすべて「マウンティング」でした。オスがメスの後ろから乗りかかる後背位（いわゆるバック）ですね。だから私は、当然、ヒトの性交もマウンティングなのだと信じて疑いませんでした。もっとも、女性器の構造がどうなっているかはよくわからないし、勃起したペニスをどこに挿入するかもわからなかった。もしかすると肛門かな、などと思っていたくらいです。

いや、セックスはどうもマウンティングだけじゃないみたいだぞ、と気づいたのは、前述のようにエロ本を見始めた中学3年生の頃。エロ本などで男女がセックスしている場面を見ると、多くの場合、男性と女性が向かい合う対向位（正常位など）でセックスしていた。しかも、どうもそっちのほうが主流らしい……。

「セックスは本能のみによって行われるのではない。セックスするには学習が必要だ」。後年、私がこのような持論を掲げるようになったのも、実はこのときの「学習」体験に基づいています。エロ本で男女の体位について学習して初めて、私は対向位が普通なのだと知ることができた。もし、誰も教えてくれなかったら、私は終生、後背位でしかセックスしなかったかもしれません。つまりヒトは、生まれながらにしてセックスできるように作られているわけではない。ヒトがセックスをするためには、学習が必要なのです。

ヒトは本当に本能だけでセックスできるのだろうか。そんな、私と同じ疑問を抱いた先人が海外にもいたようです。出典は定かではありませんが、それを検証する実験を行っています。ここでは私が若い頃に読んだ、彼らの研究内容をかいつまんでご紹介しましょう。

ここに一人の男子と、一人の女子がいます。彼らには生まれてからずっと、性的な情報を一切与えていません。10代後半になるまで、そうやって注意深く育てられてきました。そんな性的に無垢な男女を、あるときから同じ部屋で生活させるようにしました。この部屋の中では何をしてもよいし、自由に振る舞っていいんだよ、と言い含めて。年頃の男子と女子ですから、もし、セックスが本能のみで行われるのであれば、二人はじきにセックスを始めるはず。しかし、そんな研究者の憶測を裏切り、二人はセックスどころか抱き合うこともしません。そこで研究者は、二人に全裸で生活するように指示しました。全裸になれば、お互いが刺激を受け、そういう行為に及ぶはずだと考えたのでしょう。

ところが、実験対象の若い男女は、同じ室内で全裸になっても、それぞれの体にはなんの反応も見られなかったそうです。困った研究者は、今度はその部屋の室温を少しずつ下げていきました。寒くなれば、お互いに抱き合うだろうと考えたのです。その考えは的中しました。室温が10℃以下になると、二人は寒くてたまらなくなり、裸で抱き合って、お互いに体を温め合うようになったとか。でも、その後の展開はついにありませんでした。ヒトの遺伝子には、ペニスをヴァギナに挿入するという情報が、どうも組み込まれていないようなのです。ヒトが本能的にできることは、セックスではなく、肌のぬくもりを伝え合うことかもしれません。生まれたばかりの赤ちゃんが、お母さんの胸に抱かれて安らぎを覚えるのも、お母さんの肌のぬくもりを感じているからかもしれない。それをすべての子どもは、原体験として記憶しているのではないでしょうか。

◆アダルトサイトに洗脳される不幸

ヒトは本能に任せてセックスするのではない。セックスするには学習が必要だ。

このような考え方に立ってみると、いまの日本で問題になっている若者のセックス嫌いの一つの要因が見えてきます。結論からいえば、現代の若者がセックス嫌いになっているのは、セックスに関するきちんとした科学的な学習が行われていないから、なのではないでしょうか。

こう結論づけると、あるいは反論する人がいるかもしれません。「そんなことはない。現代の若者はインターネットのアダルトサイトで、多種多様な本物のセックスを疑似体験しているではないか。あれはほとんど、セックスの実習みたいなものだ」と。おっしゃるとおりです。現代の若者たちは、私が青年だった頃に比べて、はるかに豊富な性知識を身につけています。しかし私は、そこにこそ彼らの不幸があるのだと思います。

第4章でも少し触れましたが、今日のアダルトサイトの映像は、驚くほど過激です。データがあるサーバーを海外に置いているため、無修正動画でも日本の法律では取り締まることができず、ほとんど野放し状態。性器そのものが映っているのなんて当たり前。成人映画のポスター程度で十二分に興奮していた私たちオヤジ世代から見れば、いまどきの若者はきわめて恵まれた自慰環境にいるといえます。が、私たちの時代に体験していたような、「見たいんだけど、どうしても見えないものを想像する楽しみ」は完全に失われてしまいました。隠されているものは何もない。そこに見られるのはズッキーニのように巨大なペニスと、生きたアワビのようにうごめく女性器と、異種格闘技のように激しいピストン運動ばかり。情緒もへったくれもありませんね。そのものズバリの世界の、なんと夢のないことか。

それだけではありません。アダルトビデオに描かれるセックスは、娯楽作品として作られているために演出過剰であり、事実がより過激な方向に歪められています。ペニスは剣のようにそそり立ち、スタイル抜群の女優たちは当然のように潮を吹き、膣や腹部をケイレンさせてイキまくる。こうした映像を実写で見せられれば、性体験の少ない若者は、「セックスとはこういうものだ」と信じ込んでしまうでしょう。

その結果、ペニスはギンギンに勃起しなければならず、Gスポットは手マンで攻めなければならず、女性は潮を吹かねばならず、しかもイカなくてはならない……。「○○しなければならない」のオンパレードです。こんな強迫観念でがんじがらめに縛られたセックスが、楽しいはずはありません。

普通の人のセックスで、これらの条件をすべて満たすことなどまず不可能です。しかし、これが「普通」だと思っている若い男女は、そのレベルにまで至らない自分を責め、相手を責めてしまう。その結果、セックスを重荷や負担に感じる若者が増えていく……。ここにセックス嫌いな若者たちの不幸があり、さらには、こうしたセックスへの誤解が彼らの今後の人生において解消されていくのかどうかも、はなはだ不透明です。

◆熟年世代にも広がる短絡思考

いや、洗脳されているのは若者ばかりではないかもしれません。うっかりすると私たちオヤジ世代も、知らず知らずのうちにアダルトビデオに影響されている可能性があります。

それを感じるのは、熟年世代からセックスの悩みについて相談されるときです。

私が日本思春期学会の副理事長をしていることもあって、当クリニックを訪れる人は大半が10～20代。とはいえ、セックスの悩みに年齢なんて関係ありません。『婦人公論』の「KERAKU」（快楽《けらく》とは仏教用語で、煩悩から解放されて得られる心身の安楽の意）というウェブサイトで「熟年世代の幸せセックス」という記事を連載していることもあって、年配の人からもしばしば性の相談を受けます。そんなとき、最近よく感じるのが、悩み相談がきわめて短絡的になってきていること。「今年50歳の妻が性交時に濡れないので、なんとかしたい」。あるいは「男盛りの亭主のペニスを勃《た》たせるにはどうすればいいのか」などなど。酸《す》いも甘いも噛みわけたはずの熟年世代が、そんなケツの青いことを言ってどうするの！と、思わずお説教したくなります。濡れるか濡れないか、勃つか勃たないか。セックスとは、そんな「1」か「0」かのデジタルなものではないはずです。「いままで何十年セックスしてきたんですか？」と聞き返したくもなりますよね。

思うに、いまどきの熟年夫婦も、アダルトビデオにあるような短絡的なセックス観に毒されているのでしょう。ご主人が、あるいは奥様が、どこかで最近のアダルトビデオを見たのかもしれません。いうまでもないことですが、アダルトビデオに見られるようなセックスだけが、私たちのセックスではないはずですが……。熟年世代なら、アダルトビデオはあくまでフィクションだとわかっているはずなのに、知らず知らず、影響を受けてしまっているのでしょうか。

◆日本人夫婦の平均回数は月4回

本書ではずっと、若者のセックス嫌いについて論じてきましたが、ここでもう一つの事実を明らかにしなければなりません。それは、セックスを疎《うと》ましく思っているのは、必ずしも若者だけに限らないということ。結婚している若年～中高年の夫婦においても、ここ10年ほどのあいだに、セックスレス化は着実に進行していたのです。

次ページの［図15］をご覧ください。これは2001年以降、婚姻関係にありながらセックスレス化しているカップルの割合を表したグラフです。セックスレス化は年々進行しており、2010年には、ついにセックスレス・カップルが全体の4割を超えました。

［図15］婚姻関係にあるカップルで進むセックスレス化

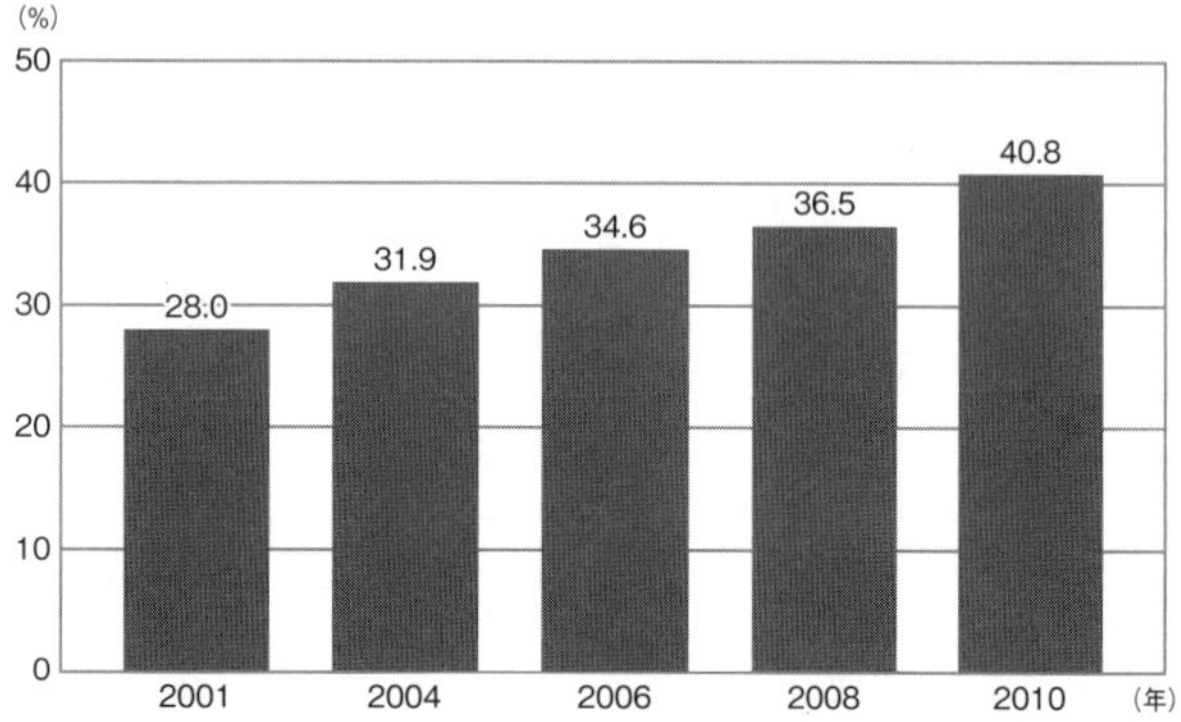

(「朝日新聞インターネット調査」2001、および北村邦夫：「男女の生活と意識に関する調査」2004、2006、2008、2010)

「セックスレス」の定義は第3章でご紹介しましたね。「特別の事情が認められないにもかかわらず、カップルの合意した性交あるいはセクシュアル・コンタクトが1ヵ月以上ないこと」。セクシュアル・コンタクトとは、具体的にはペッティング、オーラルセックス（フェラチオやクンニリングス）、裸でベッドインすることでした。つまり、夫が遠隔地に単身赴任しているとか、特別な事情がないのに、「あっちのほうは1ヵ月以上ご無沙汰」という夫婦がセックスレスと見なされる。そして、通常は1ヵ月間セクシュアル・コンタクトがなければ、その後もずっとないのが現実のようです。ひょっとして、いま、ドキリとした方も多いのではないでしょうか。

第2章でも軽く触れましたが、私は、このセックスレスこそがわが国の少子化の重大な要因になっていると考えています。女性が妊娠する確率が科学的に常に一定だとすれば、出生数が減り、人工妊娠中絶数が減り、死産数が減り、性感染症が減っている現状は、性交の頻度そのものが低下していると考えざるをえません。男女がセックスしなくなってしまえば、少子化が加速するのは当然のことです。

では、日本人のセックス回数は、世界的に見て多いのか、少ないのか。これまでの本書の論調から見て、大方の読者が予想されているとおりの結果ですが、これがまた驚くほど少ないのです。

［図16］は、イギリスのコンドーム・メーカーであるデュレックス社が2007年にまとめた「年間のセックス回数」のデータです。2007年の時点では、わが国の夫婦のセックスレス率はまだ30％台に留まっていましたが、それでも調査対象となった国のなかでは、大きく引き離されての最下位。年平均48回は月に4回だから、週1回ペースになりますね。この数字だけを見ると、すでに還暦を迎えた私からすれば「まあ、こんなもんか」という気もしますが、いやあ、世界の人々はお盛んですね。第1位のギリシャはなんと164回！　2・2日に1回、週に3回以上セックスしていることになります。各国の平均でも

[図16] 年間のセックス回数　　平均：103回

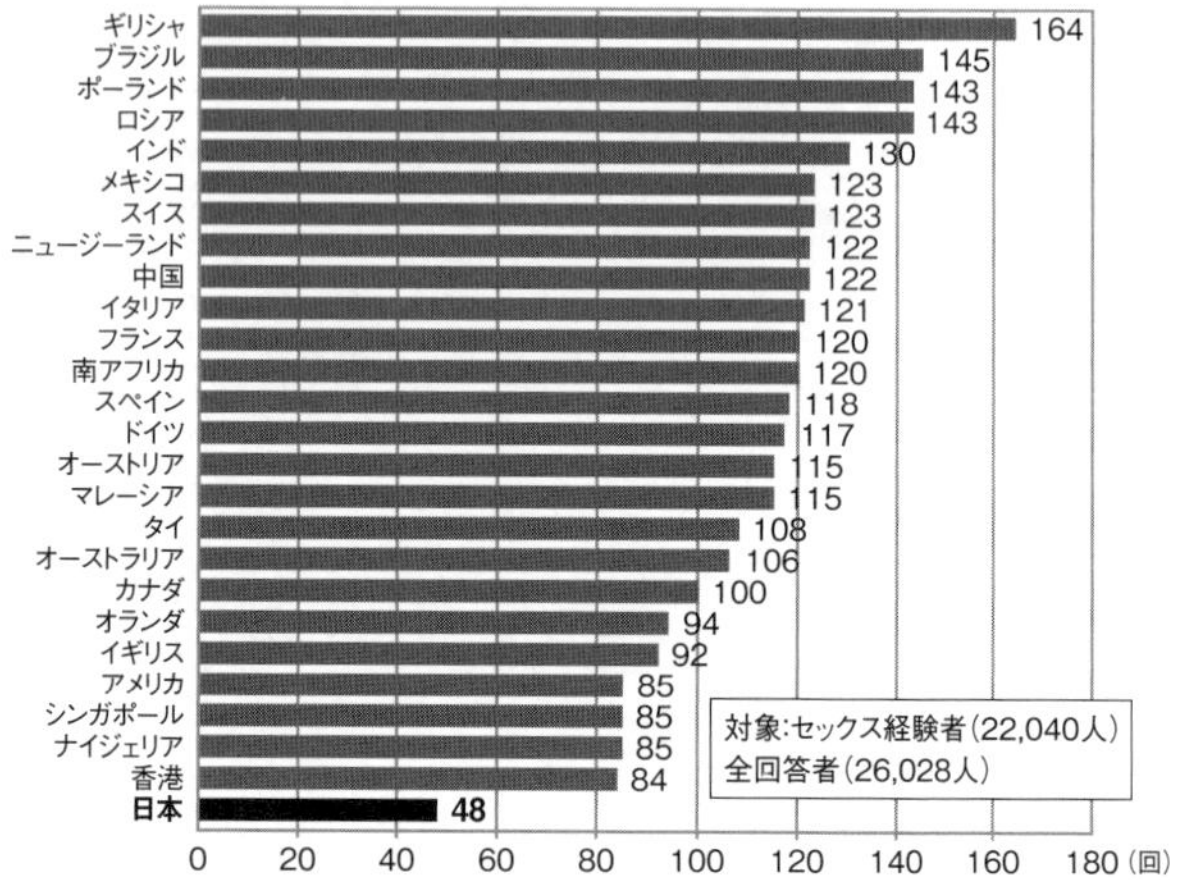

（デュレックス・年間の平均回数）

103回。週に2回ちょっとのペースですね。世界の人々が絶倫すぎるのか、日本人が淡白すぎるのか。「世界標準」というものがあるとすれば、おそらく日本人がしなさすぎるのでしょう。こんなことでは、少子化が進行するのもやむをえない気もします。

もう一つ、日本人のセックスの貧困さを物語るデータが、「経験したことのある行為の種類の平均数」[図17]。これも2007年、英デュレックス社調べ。通常のセックスである「膣性交」に加え、「アナルをする・される」「オーラルセックスをする・される」「マッサージ」「セックスの妄想」「AVや雑誌をみる」「セクシ

[図17] 経験したことのある行為の種類の平均数

膣性交、アナルをする・される、オーラルをする・される、マッサージ、セックスの妄想、AVや雑誌をみる、セクシーな下着を着る、ロールプレイ、SM、テレフォンセックスの10種類

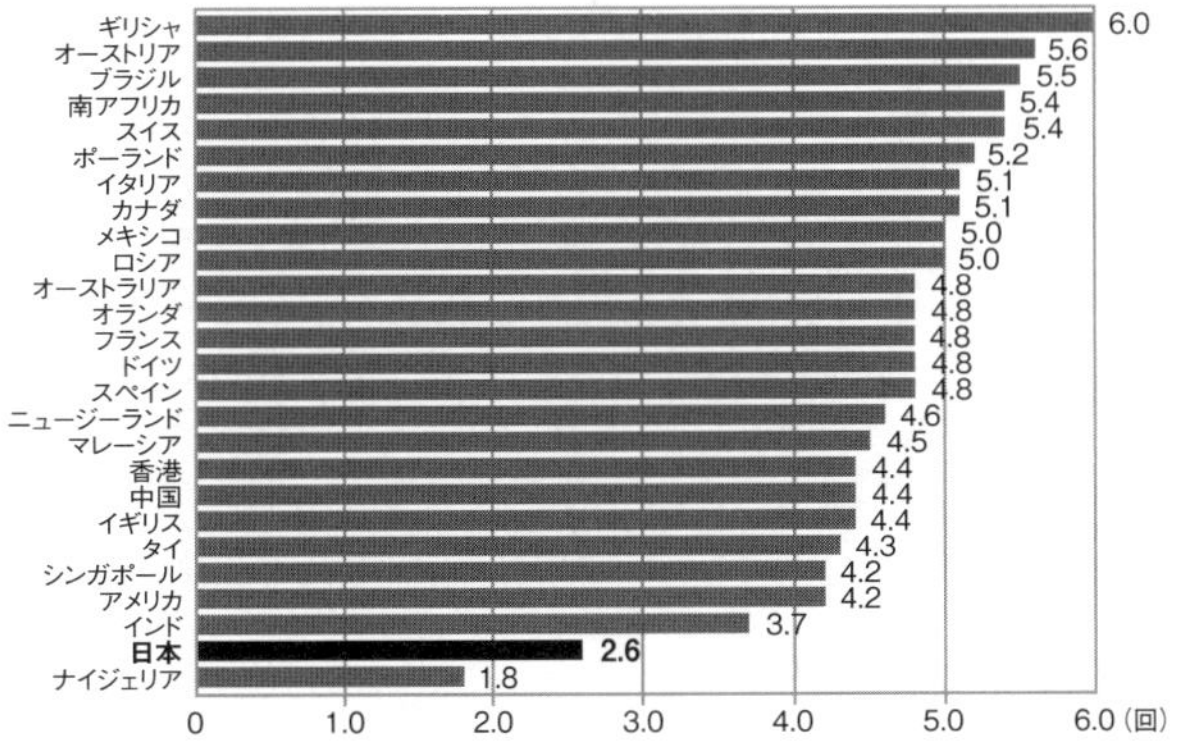

（デュレックス・セクシャルウエルビーイング2007）

ーな下着を着る」「ロールプレイ」「SM」「テレフォンセックス」といった10種類のセクシュアルな行為のうち、自分の経験した行為がいくつあるかを答えさせたアンケート調査です。その結果、日本人の平均は、残念ながら2・6種類でした。

　最下位のナイジェリアよりは高かったものの、ほとんどの国が4種類以上の行為を経験していることを考慮すれば、日本人はセックスに対する工夫が足りなさすぎる、といえそうです。それにしても、ギリシャはこの調査でも第1位の6・0種類！　古代文明とオリンピック生誕の地ギリシャは、セックスに関してもきわめて情熱的な国だったんですね。ところ

で、あなたが経験した行為は、このなかにいくつあるでしょうか？

◆セックスの満足度はコミュニケーションで決まる

日本人がセックスする頻度は、平均で年48回。経験したことのあるセクシュアルな行為の種類は2・6種類。とはいえ、「回数や行為のバリエーションはそれほど問題ではない」と反論される方もいるかもしれません。「それよりもむしろ、セックスに満足できているかどうかが問題だ」と。

ところが、私は日常的に、診療の場で数多くの方とセックスの話をしますが、「現在のセックスで満足している」という声はほとんど聞こえてきません。

そこで注目したいのが、こちらも英デュレックス社による「コミュニケーションとセックス満足度」調査です[図18]。このグラフは、「パートナーとセックスについて話し合える」度合いを縦軸に、「セックスの満足度」を横軸に並べて表したもの。すると、男性の場合も女性の場合も、「セックスにとても満足している」もしくは「セックスに満足している」ことと、「パートナーとセックスについて話し合える」ことのあいだに、強い相関関係のあることがわかりました。要するに、セックスの満足度は、パートナー間でコミュ

[図18] コミュニケーションとセックス満足度（世界）

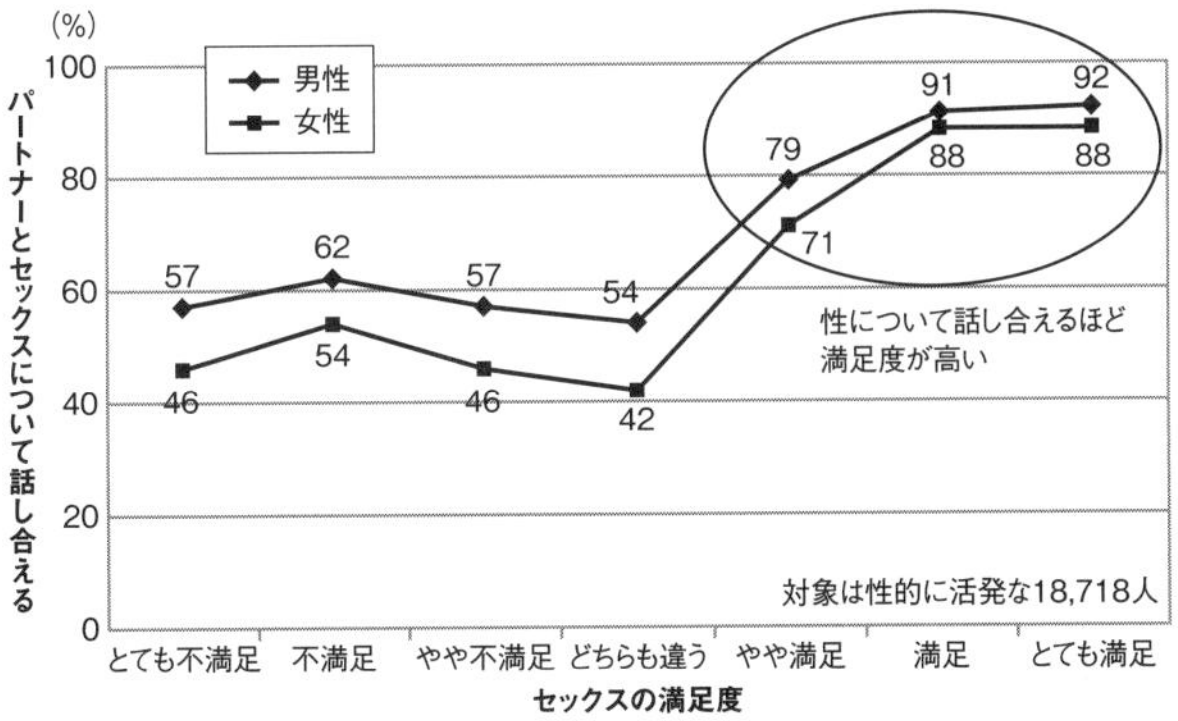

（デュレックス・セクシャルウエルビーイング2007）

ニケーションが取られている割合に比例するわけですね。

　それで思い出すのが、先日取材させてもらったばかりの若い夫婦です。夫が27歳、妻が25歳で、結婚3年目。話を聞いたのは妻のほうからですが、「先生、ウチはガンガンセックスしてるの」と、あっけらかんと笑っていました。

北村　週にどのくらいのペースでセックスしているの？

若妻　だいたい2～3回ですね。

北村　どっちから誘うんだろう？

若妻　どっちか、やりたいほうから。だいたい、ダンナのほうからですけど。もちろん、無理やりというのはないし、私もイヤなときはイヤって断ります。でもまあ、男の人はムラムラしちゃうときもあるから、そんなときは「手や口で手伝ってあげるね」とか言ったりして。逆に、私がやりたいときは「やりたいな」ってはっきり伝えますよ。

北村　それはとてもいい関係だね。セックスに関するコミュニケーションがしっかりできている。

若妻　しかも先生、ウチのダンナ、フェチなんです。制服フェチ。それでね、このあいだは実家の母に頼んで、高校時代に着ていたセーラー服を送ってもらったの。ダンナを喜ばせようと思って。

北村　まさかお母さんに、「夜の営みに使う」なんて言ったんじゃないだろうね。

若妻　まさか！「今度勤め先で宴会があるから、その余興で使う」って言いましたよ。いくらなんでも、お母さんに本当のこと言うのは恥ずかしいもん。

北村　それで、効果はあったの？

若妻　もう、バッチリ！ウチのダンナ、いつも以上にがんばっちゃって。次の日は体じゅうが痛かった(笑)。今度はルーズソックスも用意しようねって話してるんですよ。

「仲良き事は美しき哉《かな》」。そんな、武者小路実篤の名言をふと思い出してしまうような、素敵な夫婦だと思いました。

◆男女間のコミュニケーション・スキルを磨く

さて、そろそろ、若者たちにセックス嫌いを克服してもらうための処方箋を書くタイミングがやってきました。

本章の前半で、私は持論をこう述べています。「ヒトは本能からセックスするのではない。学習の成果としてセックスするのだ」と。そして、今日《こんにち》の若者のセックス離れは、セックスに関する正しい学習ができていないからだと結論づけました。アダルトサイトで無修正動画をいくら見続けても、セックスを科学的に学習したことにはなりません。

では、どうすればいいのでしょうか。話は簡単です。若者たちがアダルトサイトなどで歪んだ性知識を植えつけられてしまう前に、正しく科学的な性知識を学習してもらえばいいのです。

ひと口に「性教育」といいますが、私は普段、「性教育」という言葉はあまり使いません。あえていえば、「性の健康教育」。わざわざこう言い換えるのは、「性教育」という言葉に対して一般の人が抱くイメージと、実際の「性教育」のあいだには、大きなギャップが存在するからです。

「性教育」と聞いて多くの人がイメージするのは、男女の体の違い、第二次性徴、月経や射精の仕組み、受精・妊娠・出産・誕生の仕組み、セックス、避妊、コンドームの使い方、性感染症、HIV／エイズなどでしょう。しかし、今日の性教育では、それらに加えて、社会学的・心理学的な側面が重視されています。男女の心の違い、男女の性差と平等、結婚と離婚、性に関する道徳と倫理、そして人と人とのコミュニケーション。私は、こうした社会学的・心理学的側面からの性教育を、もっともっと充実させるべきだと考えます。

というのも、本書で取り上げた「セックス嫌いな若者」の多くに共通するウィークポイントが、コミュニケーション能力の欠如だと感じたからです。

すぐ近くに女性という「獲物」がいるのに、あえて狩りは行わず、もの静かに草を食べている草食系男子。現実の女性への興味を失い、2次元世界のキャラクターを「嫁」と呼んで密《ひそ》かに愛するアニメオタク。恋愛に高い精神性を求め、結婚するまで性交渉はしないと心に決めている純愛信奉者。現実の女性とセックスするよりマスターベーションのほうがラクだし気持ちいいというTENGA愛用者……。

[表9] 現在、あなたは実際に異性とかかわることを面倒だと感じるか

	総数	男性	女性
総数	1,540	671	869
とても面倒である	4.7%	3.1%	5.9%
少し面倒である	35.2%	28.5%	40.4%
あまり面倒ではない	32.1%	33.8%	30.8%
まったく面倒ではない	25.8%	33.2%	20.0%
異性とかかわることを嫌悪している	0.5%	0.4%	0.6%
無回答	1.7%	0.9%	2.3%
(再掲) 面倒である	39.9%	31.6%	46.3%
(再掲) 面倒ではない	57.9%	67.1%	50.9%

(北村邦夫：「第5回男女の生活と意識に関する調査」2010)

彼らは総じて、女性とコミュニケーションを取ることに消極的です。事実、女性とかかわることが苦手で、女性を前にすると大きな心理的負担を感じてしまっています。そうなってしまったのは、幼い頃から「女性と仲よく協力し合いながら共存していく」という社会性を身につけていないから。これは実は女性にもいえることで、「現在、あなたは実際に異性とかかわることを面倒だと感じるか」という問いに関するアンケート結果を見ると、「面倒である」と感じている人が男性で31・6％、女性で46・3％もいます[表9]。もし、男女間のコミュニケーション・スキルを幼い頃から学習し、磨いていれば、「面倒だ」と感じる男女は、もっともっと少なくなるはず。

性教育について論じ始めると、必ずどこかから、「寝た子を起こすな！」という声が聞こえてきます。いわゆる、性教育バッシング。「わざわざ寝た子を起こして、セックスに関する余計な知識を教えると、子どもの将来に悪影響が出る」というわけです。しかし、そもそも、「寝た子」なんてどこにもいないことは、発言者もご自身の経験からわかっているはずなのですが。いつの世も、子どもたちは、セックスに関して興味津々。常に目をいっぱいに見開いているのですから。

このまま、若者たちのセックス離れが進んでいけば、性教育のあり方そのものも見直さざるをえなくなるでしょう。たとえば、かつての性教育では、10代の望まない妊娠や不用意な性感染症を避ける意味でも、「セックスは大人になってからでもできるんだから、焦ってすることはないよ」と教えていました。が、若者がこんなにもセックスをしたがらないのであれば、「人間も動物の一種なんだから、セックスすることは少しも変じゃないよ」と、逆に性行動を促す教育が必要になっていくのかもしれません。

◆セックス嫌いをなくすことが最良の少子化対策

本書のまえがきで、私はあえてショッキングな文言を書かせてもらいました。少子化がこのまま進行すれば、わが国は遅かれ早かれ沈没する！　言い方は過激ですが、この指摘はおそらく、間違っていません。では、少子化に歯止めをかけるにはどうすればいいのか。

私は、いま日本政府が行っている様々な少子化対策は、すべて「ボタンの掛け違え」だと感じています。たとえば東京都の場合、妊婦検診が15回まで無料だとか、出産育児一時金が42万円支給されるとか、保育施設を整備して待機児童ゼロを実現するといったことが行われています。確かにこれらは、すでに子どもを妊娠した人や出産した人には嬉しい制度ですね。妊婦検診無料を喜ぶのは妊婦さん。出産育児一時金をもらって喜ぶのは、子どもを出産したばかりの人。保育所の整備を喜ぶのは、子どもを産んで、そろそろ私も家計を助けるために働こうかな、と思っているお母さん。つまり、現在の少子化対策は、国民全体がセックス離れをしていくなかで、すでにセックスをして子どもを産んだ（あるいはもうすぐ産む）という、セックスに積極的な人たちを支援している制度なのです。

問題は、その段階に進む以前の、いま、セックスに消極的になっている多くの人たち。この人たちが一斉にセックスに励むようになれば、少子化など、一気に解消するはずですが……。そのためには、幼少期から男女間のコミュニケーション・スキルを磨いておくことが重要。習うより慣れろで、普段から異性同士がコミュニケーションを密に取り合える環境を作ってあげれば、若者たちのセックスも、もっと自然に行えるようになると思うのです。

◆デズモンド・モリスの「触れ合いの12段階」

イギリスの著名な動物学者に、デズモンド・モリスという人がいます。動物行動学と人間行動学の権威である彼は、一組の男女がセックスに至るまでに、次の12段階の触れ合いが必要だと説いています。たとえば、このような知識も、これから男女間のコミュニケーション・スキルを学習していくうえで、必要なのではないでしょうか。

①目から体……まず、一方がもう一方の存在に気づき、「あの人、素敵だな」と、一方の体全体を見つめます。

②目から目……見られていることに気づいた一方が、見つめ返します。お互いに目をそらさなければ、次のステップに進みます。

③声から声……一方が一方に「お茶を飲みに行きませんか」などと声をかけます。拒否しなければ、次のステップに進みます。

④手から手……………お互いに親密度が増せば、手と手をつなぐ関係になり、次のステップに進みます。

⑤腕から肩……………さらに親密度が増せば、一方がもう一方の肩に腕をまわして抱き寄せます。拒まれなければ、次のステップに進みます。

⑥腕から腰……………さらに親密度が増し、一方がもう一方の腰を腕で抱きます。体の密着度も高まり、二人は恋愛関係にあることを実感します。

⑦口から口……………恋人同士、口づけを交わします。キスを拒まれなければ、さらに次のステップに進みます。

⑧手から頭……………手を相手の頭にまわして、相手の顔をさらに引き寄せます。さらなるキスやペッティングへと進んでいきます。

⑨手から体……………お互いの体を手で触り合います。キスをあいだにはさみながら、さらに情熱的なペッティングへと進展します。

⑩口から胸……………相手の露出した胸にキスをするなど、よりセックスを意識した前戯へと発展していきます。

⑪手から性器……………相手の性器を手で愛撫します。この段階で、フェラチオやクンニリン

グスといったオーラル・セックスが行われることもあります。

⑫性器から性器……最終的にお互いの性器を結合させてセックスが行われます。このように、セックスに至るまでにはいくつもの段階を経なければなりません。

◆セックスは究極のコミュニケーション

取材やカウンセリングで人々に会うとき、私は決まって、ある質問をします。「あなたにとって、セックスとはなんですか?」。悩んだ後、様々な答えが返ってきますが、最も多いのが「人と人との究極のコミュニケーション」というような答え。私も同感です。セックスとは、現代人が理性や社会性という多くの仮面と重い鎧を脱ぎ捨て、唯一エゴをむき出しにして行える行為。二人の人間が、心まで裸になってぶつかり合うからこそ、快感も感動も生まれるのでしょう。ただし、「究極の」コミュニケーションと断り書きを入れるからには、そこに至るまでに多くのコミュニケーションが必要なことを理解すべきです。だから、電話やメール一本で相手と知り合ってセックスしてしまうような、出会い系や援助交際などは、「本物のセックス」とはいえない。

人が人とコミュニケーションすること。そこには当然、様々なリスクが存在します。他人は自分の思いどおりにはならないし、不快な思いをさせられることもしばしば。特に男と女の場合、恋愛シミュレーションゲームのようにはうまくいきません。出会って即エッチなんて、そうは問屋が卸さない。デートにはお金を使うし、いろいろ美辞麗句を並べ立てなくちゃいけないし、プレゼントを贈ることも必要。それでも相手は、怒ったり、泣いたり、こちらを無視したり。子どもを妊娠するかもしれないし、最悪、恋愛のもつれでトラブルになることだってあるかもしれない。

しかも、現実世界にはテレビゲームのようなリセットボタンはありません。しかし、いや、だからこそ、様々なリスクを乗り越えて相手と一つに結ばれたときの喜びは大きい。人と人とのコミュニケーションを積み上げていくことは、それ自体に楽しみがあるし、積み上がったときには自分の大きな財産になります。そんなコミュニケーションの醍醐味《だいごみ》を、私は一人でも多くの若者に知ってほしいと思います。

そして、そっくり同じエールを、セックスレスの熟年世代にも送りたいですね。先ほども少し述べましたが、「ダンナのペニスを勃《た》たせたい」とか、最近の熟年世代は、どうも短絡的かつ即物的な性の悩みを打ち明けてくる。そうじゃないでしょう、と言いたい。単に性器を結合させることだけが、セックスではありません。

特に熟年世代の場合は、セックス＝結合と決めつけないほうがいいですね。「セックスは気持ちいいもの」という強迫観念を捨てること。「気持ちよかったら、もうけもの」くらいの気楽な姿勢で臨むべきだと思います。そして、お互い若かった頃を思い出しながら、見つめ合うことも、触れ合うことも、キスすることも、抱き合うことも、あるいは語り合うことも、実はセックスなのだと考えてみてはどうでしょうか。

ふとしたときに、「ああ、やっぱり素敵な人だな」と、相手を見つめる瞬間がある。そんなときめく瞬間を忘れてしまった人には、今後相手に声をかけることもなければ、相手の肩を抱く時間も訪れないのだと思います。どんな年齢層のカップルにおいても、大切なのは、ちょっとしたコミュニケーションの積み重ね。先ほど紹介したデズモンド・モリスの「触れ合いの12段階」で、すでに12段階目まで到達してしまったカップルも、それまでの段階をもう一度なぞってみることで、お互いの愛情を再確認できるかもしれません。

◆女性の多彩な反応を引き出す喜び

本章は、私の性の原体験であるマスターベーションから語りました。そこで最後は締めくくりとして、僭越《せんえつ》ながら、私のセックス観についても語っておこうと思います。

第5章でも述べましたが、男の性反応はきわめて単純です。興奮・勃起・射精・満足・おしまい。相手や場所が変わっても、基本的にこの反応は変わりません。それでも、いまも昔も男たちがセックスに励むのは、相手が変われば何かが変わるのではないかと、セックスに対してある種の幻想を抱いているから。

男性の性反応は至極単純ですが、一方の女性の性反応は複雑で、神秘のヴェールに包まれています。男性のように一度射精すれば終わりではなく、マルチプル・オーガズムといって、その快感は基本的に無制限に押し寄せる。オーガズムが大きなうねりとなって何度も訪れるという人もいれば、絶頂の高みに昇ったまま、なかなか降りてこない人もいる。かと思えば、オーガズムが階段状に、とめどなく昇っていく人も……。相手や状況の変化によって、女性の性反応はめまぐるしく、面白いように変わります。だからこそ男は、セックスしたいと願う。男にとってのセックスの意義とは、まさに女性の多彩な性反応を引き出すことにあるのだと思います。

そんなふうにセックスを賛美している私ですから、「もう2年もセックスしていない」などという若者と出会うたびに、「ああ、もったいない」と思うのです。その2年のあいだに、めくるめくすばらしい体験ができたはずではないか、と。

私の友人である加藤鷹みたいに、7000人の女性とセックスしろとは言いません。いや、むしろたった一人の女性から、様々な性反応を引き出す喜びを知ってほしいと思います。寒い日であれば二人で温まるような喜びを。雨降りの日にはお互いにしっぽり濡れるような喜びを。風吹く夜には風吹く夜のセックスがあり、晴れた日の朝には晴れた日の朝を愛《め》でる愛し方がある。そうやって、二人で時間を共有する幸せ。

セックスとは、きわめて非現実的な世界を、二人で描いていく行為であるともいえるでしょう。残念ながら、男性側にはそれほど豊かな表現力はありません。でも、表現力豊かな女性とペアを組むことで、どこにもない二人だけの絵を描くことができる。二人のあいだにはいつも真っ白なキャンバスがあって、「今日、キミはどんな絵を描きたいの?」とたずねると、彼女は「日本海から富士山を見る絵が描きたい」という。もちろん、現実にそんな絵はありえません。でも、二人でベッドに入れば、そんな夢の世界も描くことができる。どうだ、これが日本海だよ。今日は荒々しい海だよ、と。そうやって、二人で何かを創造する喜びを、一人でも多くの若者に知ってほしい。オジサンは、心からそう願っています。

最後に、簡単なクイズを出して本書のまとめにしましょう。

目の前に、恋人の足の指があると想像してください。

恋人がいちばん敏感に感じるのは、どの指と指のあいだでしょうか？

正解は、親指と親指のあいだ。そこには性器があり、その真上に脳があります。人が最も気持ちがいいと感じる、その快感を作り出しているのは、言わずと知れた脳です。だから、セックスに対しては学習が有効。だから、人それぞれ、思い思いのセックスがあっていい。もちろん、お互いに納得していれば、アダルトビデオみたいな過激なセックスをしてもいい。

ただし、「〇〇〇をしなければならない」という強迫観念は捨てること。どの行為も「してもいいし、しなくてもいい」というスタンスで、パートナーの希望を聞きながら、あなただけのセックスを表現してみてください。あなたにはあなたのセックスがあっていいのです。

あとがき　男は女にフラれて当たり前

『セックス嫌いな若者たち』に最後までおつき合いいただき、ありがとうございました。

本書をまとめるにあたって、私は通常の2倍以上のペースで若者たちと面談し、その声にじっくり耳を傾けてきました。草食系男子、アニメオタク、自慰愛好者、生活困窮者、多趣味人間、女性恐怖症、純愛信奉者……。

本書で「セックス嫌いな若者たち」と総称した彼らに実際に会ってみて、しかし私は、未来への希望も同時に感じることができました。表面的には、セックス嫌いのように見える彼らも、女性と恋愛し、セックスすることに対して、まだ完全には絶望していなかったからです。女性と積極的にコミュニケーションを取ろうと、自分から一歩踏み出す勇気さえ持てれば、彼らの未来はきっと、より明るいものになるに違いない。取材を終える頃には、そんな確信めいたものまで私のなかに生まれていました。

ところが、本書を執筆している段階で、新たな気になる調査結果が発表されました。内閣府政策統括官による「結婚・家族形成に関する調査報告書」（平成23年3月）。これは、現在の少子化の要因とも考えられている国民の「未婚化」「晩婚化」「非婚化」の実態を探るための調査で、少子化対策の一環として行われたようです。

この調査によれば、20～30代の未婚男女の86・0％が結婚を望んでいるものの、現在「恋人なし」「交際経験なし」の人が合計63・7％もいました。特に、「交際経験なし」だけで25・8％。20歳以上で異性と交際経験のない人は4人に1人以上！　現代社会において、男女が交際することは想像以上に難しくなっているのかもしれません。

さらに深刻なのは、「いま、恋人がほしいか」という問いに対する答え。30代後半で交際経験なしの男性の54・8％、30代後半で交際経験なしの女性の56・7％が、「いいえ」と答えています。30代後半まで異性と交際する機会のなかった人は、ついに男女交際自体をあきらめてしまっているのでしょうか。

また、「恋人なし」「交際経験なし」の男女を対象に、「異性と交際するうえでの不安」を聞いてみると、以下の答えが上位に並びました。「自分は異性に対して魅力がないのではないかと思う」（男性46・0％、女性49・8％）、「そもそも異性との出会いの場所がわからない」（男性38・8％、女性47・1％）、「気になる異性がいても、どのように声をかけてよいかわからない」（男性37・9％、女性29・9％）、「自分が恋愛感情を抱くことができるのか不安だ」（男性23・2％、女性40・3％）。

先に私たちが実施した「第5回男女の生活と意識に関する調査」の結果と見比べてみても、いまの20〜30代の人たちのあいだでは、やはり異性とのコミュニケーション能力が落ちてきているようです。本書第7章では、「異性とのコミュニケーション・スキルを磨くことがセックス嫌い克服のカギだ」と述べましたが、それを若者が自力で実行するのは、思ったより難しいことなのかもしれません。

そこで、本書の最後の最後に、取材中にある若者と私が交わした会話を再現しておきます。これは、「女性になかなか声をかけられない」と弱音を吐く若者に、私なりの恋愛実践論を述べている場面。「このオヤジ、また勝手なこと言ってるよ」とご笑覧いただきつつ、ひょっとして今後の参考にできる部分は、ぜひともそうしていただきたいと思います。

M君　女性に声をかけるやり方って、先輩とかから代々伝わってきたものなんですか？

北村　いいや、自分で開拓するんだよ。M君はひょっとして、「自分から声をかけて、断られたらどうしよう?」なんてビビっているんじゃないの? そういうのを自信過剰っていうの。要するに、根拠のない自信、根拠のないプライド。これまで失敗経験がなくてここまできちゃったから、失敗することを極度におそれている。まずは、そういう考え方を切り替えなくちゃダメだね。

M君　考え方を……。

北村　要するに、男は女にフラれて当たり前なの。変なプライドは捨てなさい。告白しては断られ、告白しては断られ、そのうちやっと、OKと言ってくれる女性に出会える。勝率でいえば2割以下。そんなもんだよ。男は恋愛に失敗して、さらに失敗して、そこから何かを学んでいけばいい。つまり、「失敗はセイコウの元」。セイコウっていうのは、サクセスの成功じゃないよ、セックスのほう。失敗は性交の元。何度も何度も失敗して、やっとセックスにありつけるってわけだな。

M君　はあ……。

北村　とにかく、どんどん話しかけるんだよ。なんでもいいから。そうして、最初は硬かった二人の雰囲気が、声をかけるたびに徐々に柔らかくなり、逆に自分の体の一部は硬くなり、そうやって二人の関係が進展していく。「人は人の上に人を乗せて人を作る」。楽しいだろ? 水飴だって、最初は透明だったものが、ぐちゃぐちゃこねまわしていくうちに真っ白になっていく。その過程が面白いんだ。とにかく、男は、フラれてナンボなんだから。

M君 そう言われると、楽しそうなんですけど……。

北村 そうだよ、楽しいんだよ。深刻に考えることなんて全然ない。フラれて当たり前。たまたまうまくいったら、それはもうけもの!

M君 少し勇気が出てきました。

北村 そうでしょう。デズモンド・モリス(P176参照)の最初の段階はなんだっけ?

M君 えーと、目から体、でしたっけ?

北村 そう。第2段階が目から目、第3段階が声から声。

M君 とりあえず、第3段階まで挑戦してみようと思います。

北村 そうそう、その意気。がんばって!

本書を読んだことがきっかけとなって、セックス嫌いの若者が一人でも多く「転向」してくれることを祈らずにはいられません。皆様の、幸せなセックスライフを願って——。

主要参考文献

【厚生労働科学研究（子ども家庭総合研究事業）報告書】

平成16年度「望まない妊娠、人工妊娠中絶を防止するための効果的な避妊教育プログラムの開発に関する研究」（主任研究者佐藤郁夫）、「男女間のコミュニケーション・スキルの向上に関する研究」（分担研究者北村邦夫）

平成18年度「全国的実態調査に基づいた人工妊娠中絶の減少に向けた包括的研究」（主任研究者武谷雄二）、「人工妊娠中絶の実態に関する研究・人工妊娠中絶の減少要因に関する研究」（分担研究者北村邦夫・中村好一）

平成19年度「全国的実態調査に基づいた人工妊娠中絶の減少に向けた包括的研究」（主任研究者武谷雄二）、「人工妊娠中絶の実態に関する研究・人工妊娠中絶の減少要因に関する研究」（分担研究者北村邦夫）

平成20年度「全国的実態調査に基づいた人工妊娠中絶の減少に向けた包括的研究」（主任研究者武谷雄二）、「人工妊娠中絶の減少要因に関する研究」（分担研究者北村邦夫）

平成22年度厚生労働科学研究費補助金（成育疾患克服等次世代育成基盤研究事業）報告書「望まない妊娠防止対策に関する総合的研究」（主任研究者竹田 省）、「人工妊娠中絶の減少要因に関する研究」（分担研究者北村邦夫）

【書籍】

『人間の性反応―マスターズ報告1』著：V・E・ジョンソン／訳：謝国権（池田書店・1980）

『データブック NHK日本人の性行動・性意識』編：NHK「日本人の性」プロジェクト（NHK出版・2002）

『精子戦争―性行動の謎を解く』著：ロビン・ベイカー／訳：秋川百合（河出書房新社・1997）

『セックスのすべてがわかる本』編：矢沢サイエンスオフィス（学習研究社・2003）

『Gスポット』著：A・ラダス他／訳：大慈弥俊英（講談社・1983）

『セックスレスの精神医学』著：阿部輝夫（ちくま新書・2004）

著者紹介

北村邦夫《きたむらくにお》

産婦人科医。１９５１年群馬県生まれ。自治医科大学医学部卒業後、群馬大学医学部産科婦人科学教室を経て、88年より社団法人日本家族計画協会クリニック所長。厚生科学審議会臨時委員など多数の公職に就いている。医学部在学中に学生結婚し、男３人女２人の父親。クリニックの診療や電話相談、講演会などを通じて10代の若者たちに接することで、彼らの心と体の悩みに精通している。『カラダの本』（講談社）、『幸せのＳＥＸ 男の誤解 女の誤算』（小学館）、『ティーンズ・ボディーブック』（扶桑社）、『ピル』（集英社新書）など著書多数。

メディアファクトリー新書　031
セックス嫌いな若者たち
2011年6月30日　初版第1刷　発行
著者　北《きた》村《むら》邦《くに》夫《お》
発行者　近藤隆史
発行所　株式会社メディアファクトリー
郵便番号　104－0061
東京都中央区銀座8－4－17
電話　0570－002－001（読者係）
03－5469－4740（編集部）
定価はカバーに表示してあります。

印刷・製本　図書印刷株式会社

ISBN978-4-8401-3960-1 C0230

メディアファクトリー新書　好評既刊

メディアファクトリー新書 015

『働かないアリに意義がある』

長谷川英祐：著

働き者として知られるアリ。しかし彼らの７割は実は働いておらず、１割は一生働かない。また、働かないアリがいるからこそ、組織が存続していけるという。生物学が解き明かした「個」と「社会」の意外な関係。

メディアファクトリー新書 025

『セクシィ川柳』

東 正秀・田中圭一：著

江戸のエロ川柳「破礼句《ばれく》」は教養の宝庫。あらゆるテーマを艶《えん》な世界に染め直すエスプリの極致なのだ。時を超えて変わらぬ男の本音を詠《よ》んだ傑作川柳を現役選者が解説し、奇才のイラストが彩る痛快な一冊。

メディアファクトリー新書 027

『田舎の家のたたみ方』

コンタロウ・三星雅人：著

「田舎のあの家、将来どうしよう?」そんな悩みを漫画と解説で徹底解決。無人になった家を売る、貸す、壊す、Uターン利用など、あらゆる「たたみ方」を『いっしょけんめいハジメくん』夫妻が体当たり研究。気がかりなあなたのための本。

メディアファクトリー新書 028

『なぜ人妻はそそるのか?「よろめき」の現代史』

本橋信宏：著

夫人、奥さん、主婦、女房――かつてそう呼ばれた女性たちは戦後、いかにして男性を惹きつけ、「オンナ」を獲得してきたのか。メディア史に残る記録と証言、人妻自身の肉声を駆使して綴る、知的でココロ高鳴る文化史。

メディアファクトリー新書 029

『こんなに厳しい！世界の校則』

二宮 皓：監修

「教員の机を全員で取り囲んではならない」「休日に宿題をしてはならない」……など、世界19ヵ国の「笑える」「面白い」校則を厳選紹介。「あり得ない!」校則の理由を探れば、各国の思想や事情だけでなく、「日本の常識」のおかしさも見えてくる。

メディアファクトリー新書 030

『日本人の「食欲」は世界をどう変えた?』

鈴木裕明：著

食料自給率は低いのにマグロや骨なし魚が大好き。そんな食生活について、われわれが抱く罪悪感には根拠があるのだろうか? 「真のグローバリズムは輸入・輸出両国に恩恵をもたらす」と説く、新しい食の指針。日本人の食欲は世界に好影響を与えていた!